I0807066

"En su libro, Diane Arnold nos equipa para desafiar las versiones falsas de nosotros mismos. Con una sorprendente vulnerabilidad, revela cómo Dios utiliza experiencias desgarradoras para establecer una identidad inamovible. Los ejercicios proporcionan pasos prácticos para pasar del quebranto a la plenitud, de la desesperación a la alegría, y del dolor a la paz. Este libro transformará, sin duda, a quienes tengan el valor de preguntar: '¿Quién soy?'".

Terri F. Burnette, especialista licenciada en psicoeducación

"Todos atravesamos momentos en los que reaccionamos a los mensajes que nos rodean en lugar de vivir desde un profundo sentido de valor personal. Lleno de ejemplos de la vida real y respaldado por una extensa investigación, *12 Hábitos para una mente sana y una vida feliz* es un mapa y una guía hacia una vida abundante. Todos los que incorporen sus principios mejorarán sus relaciones y su confianza en sí mismos, viviendo así una vida mucho más feliz y plena. ¡Lo recomiendo encarecidamente!".

Stacey Campbell, fundadora de *Shiloh Global*

"Seguir el ritmo, el dolor y la presión de la vida diaria nos ha conducido a este desastre de salud mental en el que nos encontramos. En este libro, Diane Arnold toma de la mano a los lectores en un viaje lleno de esperanza hacia el autodescubrimiento, y comparte la libertad que Dios ofrece y a la que nos llama a cada uno de nosotros".

Dr. Tim Clinton, presidente de la *Asociación Americana de Consejeros Cristianos*

"*12 Hábitos para una mente sana y una vida feliz* está lleno de compasión a medida que Diane Arnold nos acompaña a través del dolor del quebranto para descubrir las claves de la sanidad. Mediante historias personales, testimonios, investigaciones científicas y la Palabra de Dios, Diane ofrece activaciones prácticas que son precisamente eso: prácticas. Nos animan a procesar nuestros pensamientos, emociones y creencias, y nos ayudan a pasar de las mentiras a la verdad, de estar estancados a caminar en libertad. Si tomamos la valiente decisión de participar, ella nos da las herramientas para construir una identidad saludable. Diane nos guía para construir alegría y recordar dejarnos llevar por la paz de Dios, que desarrolla resiliencia para enfrentar los desafíos de la vida".

Debbie Healy, colíder principal de *Celebration Church OC*,
San Juan Capistrano, CA

"*12 Hábitos para una mente sana y una vida feliz* es una guía práctica para ayudar a los lectores en el camino hacia la salud espiritual y emocional. Diane Arnold es una mujer con una fe fuerte y vibrante que guía cada área de su vida, y también es una experta consejera licenciada que entiende la naturaleza humana y los procesos que conducen al crecimiento y la sanidad. Ella une esas áreas clave mientras proporciona magistralmente conocimientos y ejercicios de consejería desde una perspectiva cristiana. Este libro podría ser el inicio de tu camino de sanidad al entregar tu quebranto a Dios y permitir que Él te transforme".

Dra. Glenda Hill Nanna, LPCS,
directora de programas de consejería de posgrado,
Universidad Internacional de Columbia

"Cuando Diane puso este libro en mis manos para leer, estaba atravesando un momento muy oscuro en mi vida. Había sido traicionada, rechazada y luego humillada. Estaba en estado de *shock* e incredulidad, con el corazón roto y confundida. Este libro me dio herramientas para reenfocar mis emociones y aprender a liberar la tristeza. Me sirvió como terapeuta en la privacidad y comodidad de mi hogar. Cualquiera que sea la crisis que estés atravesando, este libro te ayudará a recoger los pedazos rotos de tu vida, unirlos, ¡y ver quién eres realmente! Eres creado maravillosamente a imagen de tu Creador. Todos los días ordenados para ti ya están escritos y se cumplirán. ¡Ninguna cantidad de crisis, rechazo, humillación o traición cambiará eso!".

Florence Nyakundi, fundadora de *Fenny Ministries*

"Muchos hemos tenido un momento en nuestras vidas en el que pensamos: 'Ojalá tuviera un terapeuta con quien hablar'. *12 Hábitos para una mente sana y una vida feliz* es como una invitación a un lugar seguro con tu propio terapeuta. A través de preguntas profundas y reflexivas, y poderosas historias de su propia vida y de las vidas de quienes ha atendido en su consulta, Diane te desafía a comenzar a tomar los riesgos necesarios mientras dejas atrás el aislamiento, la vergüenza y los patrones negativos que te han retenido".

Wendy Peter, directora de *Women on the Frontlines Global*

"Los corazones rotos abundan en esta época y cultura, pero también abunda la esperanza. ¡La esperanza abunda! Por eso necesitamos que la gracia sanadora de nuestro Señor Jesús abrume cada lugar roto dentro de nosotros y a nuestro alrededor. En su excelente libro, la terapeuta cristiana licenciada Diane Arnold nos acompaña en un viaje para entender lo que significa estar roto, y cómo podemos abrazar nuestro quebranto para experimentar la plenitud del amor de Dios. Dios te invita a dejar atrás las falsas identidades que has adoptado y abrazar la verdad de quién eres realmente".

Dr. Brian Simmons, *Passion & Fire Ministries*; traductor principal de *The Passion Translation*®

"Cuando leo un libro, quiero saber si esa persona tiene un corazón por las personas y habla desde la experiencia. Conozco a Diane personalmente, y la he visto acercarse y tocar los corazones de las personas de maneras asombrosas. Me encanta cómo transmite una profunda sabiduría con activaciones y preguntas al final de cada capítulo. Te recomiendo encarecidamente que te unas a este viaje mientras ella te ayuda a ver tu corazón y tu identidad cambiando de quebrado a sanado".

Ann Tubbs, cofundadora de *Transformation of the Nations*; presidenta de *Hidden Dove Ministries*; líder apostólica de *Harvest International Ministries*

12 HÁBITOS PARA UNA MENTE SANA Y UNA VIDA FELIZ

12 HÁBITOS PARA UNA MENTE SANA Y UNA VIDA FELIZ

LA RUTA PARA SUPERAR LOS PROBLEMAS Y EL ESTRÉS DIARIO

DIANE E. ARNOLD

WHITAKER HOUSE
Español

Traducción al español por:
Belmonte Traductores
www.belmontetraductores.com

Editado por Henry Tejada Portales

12 HÁBITOS PARA UNA MENTE SANA Y UNA VIDA FELIZ
La ruta para superar los problemas y el estrés diario

Publicado originalmente en inglés en 2024 bajo el título
12 Habits for a Sound Mind and Joyful Life,
your road map to overcome daily stresses and messes
por Chosen Books, una división de Baker Publishing Group
Grand Rapids, Michigan

ISBN: 979-8-88769-409-2 • eBook ISBN: 979-8-88769-410-8
Impreso en los Estados Unidos de América

Whitaker House
1030 Hunt Valley Circle
New Kensington, PA 15068
www.espanolwh.com

1 2 3 4 5 6 7 8 9 10 11 32 31 30 29 28 27 26 25

Mi gratitud, aprecio y reconocimiento a:

Mi esposo, mi familia, y el equipo de *Family Collective* por toda su dirección, amor y ayuda con este proyecto lleno de esperanza; Joy Capps, por su trabajo y guía a la hora de pulir y desarrollar este libro en sus primeras etapas; Brian y Candice Simmons, por comprender y compartir la importancia de la salud y la plenitud para la novia sulamita; todas las personas valientes que han batallado con apreciar su valor y han decidido caminar en restauración y sanidad.

Este material está dedicado a todo aquel que lo lea. Es mi oración que te ayude a llegar al lugar donde comprendas que mereces ser amado, conocido y comprendido como una novia perfecta.

ÍNDICE

INTRODUCCIÓN

Cuando oyes la palabra *identidad,* ¿qué viene a tu mente? ¿Piensas en tu carrera profesional o en el nombre que te has hecho para ti mismo? ¿O tal vez *identidad* te hace pensar en tu estado parental o marital? La sociedad nos dice cómo debería verse nuestra identidad y cómo debería estar moldeada; sin embargo, ¿cómo se identifica con nosotros individualmente esa identidad? ¿Soy yo quien creo que soy, o simplemente quien el mundo dice que soy?

12 Hábitos para una mente sana y una vida feliz está pensado para guiarte en explorar las profundidades de tu verdadero yo. Nuestra capacidad para caminar con una fuerte salud mental y verdadero gozo reside en que primero comprendamos quiénes somos realmente. Esto nos permite enfrentar la vida en lugar de mirarla desde afuera.

Las heridas que podemos experimentar en este mundo quebrado pueden tener un gran peso sobre cómo vemos a los demás y a nosotros mismos. Mediante ejercicios prácticos y actividades inspiradoras, este libro te ayudará a recoger los pedazos, superar el quebranto, y desarrollar una comprensión de quién eres en realidad.

Te invito a que me acompañes en este viaje de verdades. Juntos, abordaremos ideas como estas: ¿De dónde proviene mi identidad? ¿Por qué estoy aquí verdaderamente? ¿Significa algo mi vida en este mundo? A medida que se desarrollen los capítulos, verás las respuestas a estas preguntas que *todos* nos hemos hecho con la única verdad que no puede ser ignorada.

Aprende un nuevo guion para tu vida mediante este viaje de sanidad interior y autodescubrimiento. *12 Hábitos para una mente sana y una vida feliz* te dará los peldaños para descubrir la respuesta con respecto a quién eres realmente. Este viaje vale la pena. Aquel que hizo el sacrificio supremo para hacerte perfecto también lo cree.

Creemos en ti y queremos ayudarte a ganar en este viaje llamado vida. Por lo tanto, ¡comencemos para que puedas empezar a vivir con esperanza y gozo continuos!

PERMISO Y GRACIA PARA TOMARTE TU TIEMPO

Antes de comenzar, por favor entiende que trabajar en los distintos hábitos y pasos que se encuentran en *12 Hábitos para una mente sana y una vida feliz* no es una carrera.

Tienes permiso para desacelerar y tomarte tu tiempo al avanzar con el material y los ejercicios. De hecho, tomarte tu tiempo te ayudará a aprovecharlos al máximo. Cada hábito de este viaje ha sido elaborado para ayudarte a obtener perspectiva de las facetas más importantes de tu identidad.

Con actividades que incluyen terapias psicológicas de autoayuda, escribir un diario y la autorreflexión, serás especialmente consciente de lo que estás aprendiendo acerca de ti mismo, de los demás, y de Dios. Mantente abierto a explorar tus fortalezas, tus debilidades, y tus áreas para el crecimiento. Puede que descubras partes de ti que te sorprendan.

Si en algún momento te sientes atascado, por favor sé bueno contigo mismo tomando un descanso y regresando cuando te sientas preparado.

HÁBITO 1: RESTAURAR MI YO ORIGINAL

Pues somos la obra maestra de Dios.
Él nos creó de nuevo en Cristo Jesús, a fin de que hagamos las cosas buenas que preparó para nosotros tiempo atrás.
Efesios 2:10

¿Has estado alguna vez en uno de esos momentos en los que te preguntaste: *¿Quién soy yo… realmente?*

Una de las historias que mejor describe esta situación de vida confusa le sucedió a una alumna de secundaria de último año llamada Jill. Era una muchacha a quien yo daba consejería para lo que ella describió como ansiedad social.

A Jill le resultaba difícil ir a clase. Los otros alumnos le ponían nerviosa, y a menudo terminaba con un ataque de pánico solamente al caminar por los pasillos del edificio de la escuela. Ella y yo pasamos mucho tiempo intentando detectar qué resultaba tan difícil al ir de clase de matemáticas al laboratorio de ciencias o incluso a la cafetería para el almuerzo.

Tras mucha exploración, ánimo e incluso confrontación con las cosas que le asustaban, finalmente descubrimos algo interesante. Tal como lo dijo Jill, muchos de sus compañeros de escuela hablaban de acciones que a ella le asustaban, y también las exploraban. Le parecía emocionante escuchar sus historias sobre nuevas experiencias. Parecía que ellos se divertían, pero a ella también le aterraban.

Ella oía de soslayo esas conversaciones. Después de un tiempo, comenzó a pensar: *¿Qué daño haría probar un poco de éxtasis? Suena emocionante, después de todo. ¿Y qué tan grave sería experimentar con mi sexualidad? Todos lo hacen.*

Al principio Jill solo necesitaba que la escuchara. Cuando estuvo lista para enfrentar algunas de sus preocupaciones, finalmente pudimos profundizar más y hacer algo de progreso. Le pedí que describiera el pánico. Hablamos sobre por qué le parecía tan aterrador probar algunas de esas cosas. A medida que Jill pensaba más sobre sus miedos, su respuesta nos sorprendió a ambas. Se dio cuenta de que estaba decepcionada con el comportamiento de sus amigos, no con sus propias reacciones. Estaba bastante conforme con quién era ella, y lo que sus compañeros de clase hacían le parecía totalmente fuera de su zona de confort.

Pasamos varias sesiones juntas explorando lo que quería hacer con sus amigos, lo que le parecía bien en ese periodo y lo que no. Jill dijo que se sentía en paz cuando podía tomar sus propias decisiones. Después de semanas de explorar sus pensamientos y sentimientos, descubrió que podía caminar por los pasillos de su escuela sin un nudo en el estómago y sin el miedo de estar equivocada o de haber hecho algo mal. No ocurrió de la noche a la mañana, y no fue todo diversión y juegos para Jill mientras batallaba por entender su verdadero yo; sin embargo, a medida que se comprometió a apreciar y trabajar en estas transformaciones sanadoras, se sintió cómoda en su propia piel.

La identidad es algo con lo que todos luchamos en algún momento u otro. Suele salir a la superficie con mayor fuerza cuando somos adolescentes, pero puede ser una batalla continua si lo permitimos. Es moldeada por una multitud de ideas y factores. Algunos incluso navegan entre la imagen que tienen en línea y la que tienen en la vida real. Nuestra identidad entra en duda cuando la cultura nos dice que nuestro valor está definido por:

- Opiniones populares
- Cómo lucimos
- Qué vestimos
- Con quién nos relacionamos
- Qué hacemos
- Qué aceptamos como verdad

Durante la adolescencia, los jóvenes comienzan a preguntar: "¿Quién soy?". Estos años son cuando los niños aprenden a explorar su independencia y, como Jill, lidian con interacciones sociales que influyen significativamente en sus vidas. Estoy bastante segura de que la mayoría de nosotros diría que los años desde la secundaria hasta la juventud impactaron considerablemente quiénes somos de maneras buenas, malas... y a veces feas.

CARACTERÍSTICAS CLARAMENTE DIFERENTES

La mayoría de nosotros somos buenos para etiquetarnos con una o más de las opciones en esa frase de los años sesenta: "El bueno, el malo y el feo".

"Hoy soy buena porque recogí el correo de mi vecino". "Hoy soy malo porque le mentí a mi cónyuge". O incluso: "Lo que hice hoy fue tan feo, que fue imperdonable". Estas etiquetas a menudo nos seguirán (especialmente en nuestra mente) a medida que intentamos descifrar quiénes somos y hacia dónde vamos en la vida.

¿Dudas a veces entre las etiquetas autoimpuestas de bueno, malo y feo? Sé que yo lo he hecho. Puede afectar muchos aspectos de tu mundo cuando no tienes claro cómo piensas acerca de ti mismo o de algo más. A veces, la confusión ocurre al reflexionar sobre el panorama general de la vida, pero más a menudo se presenta en las pequeñas cosas.

Por ejemplo, considera dos pensamientos. *No estoy seguro de dónde recibirán la mejor educación mis hijos* es muy diferente a *No estoy seguro de quién soy o para qué fui creado en esta vida.*

Hay un aumento significativo del temor, la ansiedad, la desesperanza, la división y el aislamiento cuando alguien utiliza el punto de referencia equivocado para su identidad. Cuando nos medimos a nosotros mismos según estándares irreales o los logros de otra persona, corremos el riesgo de no llegar a conocernos y comprendernos como una persona completa. La buena noticia es que no tienes que recorrer este viaje de identidad tú solo.

Escribí este libro para ayudarte a descubrir respuestas a preguntas como: ¿Quién soy? ¿Qué quiero ser en la vida? ¿Para qué fui destinado? ¿Qué me está bloqueando para conocerme y entenderme? ¿Cómo puedo abordar los obstáculos o bloqueadores de sueños? He pasado años examinando estas duras preguntas con muchas personas, y sé que encontrar las respuestas producirá la esperanza, la paz y la felicidad que estamos buscando.

Aunque descubrir las respuestas a estas preguntas pueda parecer mucho trabajo, quiero que recuerdes que descubrir tu individualidad es un viaje o proceso que ocurre con el tiempo. Afortunadamente, no es una sorpresa para Dios cuando te confundes. Él está listo y esperando unirse a ti en tu proceso de autodescubrimiento.

A lo largo de este libro nos detendremos y examinaremos una historia que ocurrió hace miles de años con una joven prometida. A medida que caminamos con ella en este viaje, vemos cómo enfrenta una lucha muy conocida: tratar de entender su verdadero valor. Esta joven estaba siendo cortejada por la realeza, pero no se percibía a sí misma como el rey la veía: hermosa, completa, sana y saludable, lo que causó que su cortejo tomara muchos giros. Esta historia suena y parece una película de Hallmark, pero es una cautivadora historia de amor que se encuentra en el libro de Cantar de los Cantares en la Biblia. En esta historia se le conoce como la mujer sulamita.

La mujer sulamita tuvo que pasar por un proceso de transformación y renovación para verse a sí misma como el rey la veía. Es una imagen de Cristo que nos llama su esposa. Tú y yo podemos atravesar el mismo proceso y experimentar los mismos resultados sorprendentes.

En las siguientes páginas, los avances de la mujer sulamita, junto con modelos de tratamiento psicológico probados, se utilizarán para llevarte a un lugar donde puedas decir con confianza: "¡Este soy yo, y me hace feliz!". Al igual que Jill.

LA CULTURA NOS INFLUYE A TI, A MÍ Y A TODOS

Cuando se trata de impacto social, en definitiva la edad no importa. Todos somos afectados, de una manera u otra, por lo que piensan los demás. En nuestros años formativos parece que la cultura no tiene que esforzarse tanto para influir en nuestras creencias y sentimientos sobre la vida y el mundo que nos rodea. Toma un momento para conectar con tus recuerdos. ¿A quién o qué escuchabas cuando estabas creciendo? Ahora investiguemos quiénes y qué están escuchando o viendo los jóvenes hoy en día. Mientras que las figuras de autoridad y las influencias (y la accesibilidad a esas influencias) pueden cambiar con el paso de las décadas, es fácil ver la presión que existe en la sociedad y cómo, en silencio (y a veces en voz alta), sigue moldeando nuestras vidas. Por ejemplo, tus padres tal vez acudían a su mamá, papá, abuelos y vecinos, pero ahora tenemos acceso en segundos a opiniones e ideas provenientes de todos los rincones del planeta. Algunas de estas influencias pueden servirnos bien y ayudarnos a crecer hacia la persona que Dios nos creó para ser, y otras pueden simplemente confundirnos como a nuestra amiga Jill.

Ahora bien, quiero ser clara: todos cuestionan su identidad en diferentes momentos de su vida. De hecho, los momentos estresantes y los cambios significativos nos hacen cuestionar muchas cosas. Algunas de esas presiones y cambios son traumáticos, como perder un empleo, un divorcio, problemas de salud personales o una muerte en la familia. Otros son cambios importantes en la vida, como el nacimiento de un hijo, comenzar un nuevo empleo o mudarse. Dado que la vulnerabilidad hace que cualquier persona sea más sensible, escuchar las influencias correctas durante esas fases críticas es imperativo (sigue conmigo, trabajaremos las mejores maneras de hacerlo en las próximas páginas y capítulos).

Cuestionar nuestra identidad también ocurre cuando permitimos que nos moldeen las influencias sociales, como los compañeros, los reportes de noticias, las redes sociales, los valores culturales y las normas aceptadas; sin embargo, buscar valor en los demás es como enredarse en cuántos "me gusta" obtienes en las redes sociales. Muchos "me gusta" tienden a significar que tienes valor y eres importante para la persona que leyó tu publicación o vio tu video. Seamos sinceros: todos hemos revisado en ocasiones cuántas personas nos siguen o dieron "me gusta" a nuestras publicaciones. Puede ser muy absorbente y estresante seguir buscando la retroalimentación de los demás. ¡Eso sí es un juego interminable lleno de ansiedad constante mientras intentamos agradar a los demás!

Considera cuántas veces tu medidor interno de valía se ha alterado por algo que viste o leíste. Esos son los momentos exactos en los que necesitas saber profundamente que estás bien y eres aceptable según tu sistema de valores existente. Casi como un vehículo con el manual del usuario original, necesitas regresar a lo que sabes que es verdad sobre ti mismo.

Siempre que la vida te haga cuestionar quién eres, tu propósito o tu valor, no lo ignores. Ya sea que estés enfrentando un sistema de valores falso, pasando por un cambio normal en la vida, o atravesando una etapa crítica, hay un gran significado en enfrentar de manera frontal esas preguntas internas. Muchos de nosotros necesitamos ayuda para explorar este viaje. Y está bien.

Es importante entender que los cambios monumentales, como una pandemia, te harán sentir expuesto. Son recordatorios constantes de cuán frágiles e interconectadas son nuestras vidas. Durante esos periodos, algunas personas experimentan estados de ánimo bajos, pérdida de interés por las cosas y fatiga. También pueden estar irritables. Si estos sentimientos persistentes te describen, acude a tu médico o a un profesional de la salud mental para hablar acerca de las maneras de superarlos.

Las investigaciones muestran que las personas que son lo suficientemente valientes como para abordar el desarrollo de su identidad viven vidas más felices y saludables.[1] Aquellos que no abordan lo que está sucediendo, probablemente seguirán batallando. El resultado tiende a ser más aislamiento, confusión, o simplemente sentirse estancado.

Con "haz lo que tú quieras" siendo una frase común en la actualidad, muchas personas sienten la presión de descubrir lo que eso significa realmente para ellas. Nos dicen que descubrir esto es la clave para ser el yo "genuino"; sin embargo, si te aferras a un estándar que cambia constantemente o te dejas influenciar por la opinión popular del momento, lo más probable es que eso no sea "haz lo que tú quieras". Y es probable que no sientas la esperanza, paz y alegría que estás buscando.

Estos mensajes culturales me recuerdan la historia de Zaqueo en Lucas 19:1-10. Zaqueo era bajo de estatura y era intensamente odiado por su ocupación como recaudador de impuestos. Un día, Zaqueo escuchó que Jesús iba a pasar por la ciudad, así que corrió por delante de la multitud y subió a un árbol para tener un mejor panorama. Cuando Jesús vio a Zaqueo en el árbol, le dijo que bajara de inmediato porque iba a ir a su casa.

Ahora bien, como recaudador de impuestos, ¿qué crees que pensaba Zaqueo de sí mismo? ¿Estaba feliz con su posición en la sociedad? ¿O trataba de esconderse de las miradas de desprecio y los insultos? Como la mayoría de nosotros, probablemente escuchaba las palabras y opiniones de los demás. De hecho, es muy posible que Zaqueo no solo creyera lo que la gente decía de él, sino que también lo asumiera como su carácter.

Es fácil ver que Zaqueo probablemente pensaba que Jesús no lo notaría ni lo reconocería. Incluso los observadores estaban confundidos cuando Jesús dijo: "Voy a quedarme en tu casa hoy". *¿De veras? ¿Jesús se va a quedar con el recaudador de impuestos? Debería quedarse con uno de los respetados líderes judíos. ¿Cómo podría Jesús quedarse con una persona a quien nadie ni siquiera respeta?*

Aquí está lo extraordinariamente genial sobre la historia de Zaqueo. Si buscas el significado del nombre de Zaqueo, significa "puro" o "inocente".[2] Como recaudador de impuestos, Zaqueo no vivía de acuerdo con la definición de su nombre, pero Jesús miró más allá de la etiqueta negativa al llamar a su verdadera identidad. Jesús reconoció quién era Zaqueo y quién fue creado para ser. Creo que Él está esperando y deseando ayudar a cada uno de nosotros con esta misma pregunta.

POR QUÉ ES IMPORTANTE TENER UN SENTIDO DEL YO SALUDABLE

Un sentido del yo saludable es importante para todos nosotros. Tener confusión de identidad (creer algo diferente a lo que Dios dice que eres) puede evocar una montaña rusa de emociones. Dios quiere que entiendas que eres mucho más que tus "me gusta" en Facebook o Instagram. Eres más significativo que tus títulos laborales y tus peores fracasos.

En su libro *The Sacred Journey* [El viaje sagrado], Brian Simmons afirma: "Necesitamos llenar nuestra mente con la verdad de cómo Dios nos ve. Otros siempre nos juzgarán por nuestra mayor debilidad, pero Dios ve la gloria de su Hijo brillando en nosotros. Como su amor es un amor eterno, no terminará la primera vez que fallemos. Su amor por nosotros perdura para siempre".[3]

Las expectativas de los demás, y las tuyas propias, pueden desviarte y alejarte de lo que fuiste creado para ser. Después de tener un encuentro con Jesús, es seguro que Zaqueo fue cambiado; vivió una vida muy diferente. Este encuentro le ayudó a creer quién decía Dios que él era en realidad y quién podía llegar a ser.

Cuestionar tu sentido del yo puede ser estresante, pero en el largo plazo puede ser algo bueno. Se requiere valentía, vulnerabilidad y autorreflexión para llegar hasta ahí; sin embargo, enfrentar heridas y mensajes torcidos de tu pasado puede producir dolor *y* restauración permanente.

Al igual que la mujer sulamita en el Cantar de los Cantares, tal vez en ocasiones encuentres este viaje difícil o que toma tiempo. En el capítulo 1, versículo 8 (TPT), el novio le dice: "Escucha, mi radiante amada: si alguna vez pierdes de vista mi presencia, sigue mis pasos donde guío a mis amados. Ven con tus cargas y preocupaciones. Ven al lugar cercano al santuario de mis pastores" (traducción libre). ¿No suena esto pacífico y atractivo? A mí me lo parece. Puedo entender por qué ella se sintió atraída a eso.

Esta mujer parece estar perdida. Necesitaba a alguien o algo que poder seguir y en lo que pudiera confiar. Como todos nosotros, necesitaba escuchar un mensaje alentador y reconfortante.

¿Por qué el novio le diría que siguiera sus huellas? Porque en ese momento le está pidiendo que se acerque tal como es. Perdida y quebrantada por la vida. No necesita crear su propio camino difícil. Puede caminar por el que ya ha sido hecho por el novio. En sus huellas, aprenderá a crecer y madurar hasta convertirse en la novia que él ya ve en ella. Eso es lo que Cristo hace por nosotros. Nos está haciendo crecer y madurar para ser quienes Él nos creó para ser. En el Cantar de los Cantares, el novio le dice a la mujer sulamita que venga con sus cargas y preocupaciones. No le dice que sea perfecta, que se arregle y finja ser algo que no es. Le dice que venga con todos sus problemas, toda su basura y todas sus imperfecciones. Lo más importante, que venga con sus preguntas y preocupaciones.

Al igual que ella, tú y yo podemos intentar entender cómo acercarnos a Dios nos ayudará a comprender nuestro verdadero valor.

En este momento decide no dejar que los estándares de la sociedad dicten quién eres y qué te debería gustar. En su lugar, haz hoy conmigo este viaje de doce hábitos y aprende a tener confianza y a apoyarte en Dios para obtener sabiduría, guía y dirección.

Una mejor versión de ti mismo todavía no es el plan perfecto de Dios para ti. La restauración completa significa regresar a la persona completa que Dios creó que fueras.

EJERCICIOS DEL HÁBITO 1: DEJAR DE BATALLAR, COMENZAR A RESTAURAR

1. En muchas culturas es costumbre decir a las personas a qué te dedicas antes de compartir cualquier otra cosa. Algunos incluso mencionan lo que hacían sus padres, dónde crecieron o dónde viven actualmente. Piensa en esto por un momento: con estas declaraciones y explicaciones, ¿estamos realmente verbalizando el núcleo verdadero de quiénes somos?

   Una manera de descubrir quién eres y compartirlo con los demás es haciéndote algunas preguntas difíciles, pero importantes. Haz una pausa por unos minutos y anota las respuestas a las siguientes preguntas:

   - ¿Qué me apasiona hoy?
   - ¿Cuáles son los valores familiares que quiero mantener en mi propia vida?
   - ¿Cuál es mi destino en la vida en el largo plazo? ¿Y en los próximos cinco años?
   - ¿Cuál es mi rol actual en la sociedad? ¿Cuál quiero que sea?
   - ¿Cuáles son mis creencias espirituales? ¿Cuáles quiero que sean?
   - ¿Por qué quiero que me recuerden después de que me haya ido?

Mantén tus respuestas a la mano para poder consultarlas, revisarlas y modificarlas con el tiempo. No te preocupes si no tienes todas las respuestas a estas preguntas todavía. Estaremos trabajando en eso juntos.

2. Al igual que Jill al inicio del capítulo, explorar y entender cómo te sientes realmente sobre una situación, persona o comentario es clave para reconciliar tus propios valores u opiniones. Considera algunos de los siguientes mensajes que tal vez escuchaste. Escribe cómo te hacen sentir mientras los dices en voz alta. Siéntete libre de agregar algunos mensajes propios.

- Eres lo que haces.
- No eres adorable a menos que tengas muchos "me gusta".
- Tu éxito depende de cuánto dinero ganas.
- No eres valioso si no eres creativo en tus esfuerzos.
- Eres diferente (o igual) a tu familia.
- La aceptación es importante.

Después de escribirlos, habla con un amigo o familiar sobre las influencias buenas, malas y feas que estos mensajes tienen en tu vida mientras intentas entender quién eres.

Si no tienes a alguien con quien te sientas cómodo hablando sobre estos temas, permíteme animarte a escribirlos en un diario y hablar con Dios sobre ellos. Él está a tu lado en cada paso del camino. Y, al igual que con Zaqueo, Él quiere pasar tiempo contigo.

3. Elige uno o dos mensajes positivos acerca de ti mismo que ya sabes que son ciertos, o que quieres aprender a creer, y escríbelos. Por ejemplo:
    - Soy suficiente.
    - Soy un sobreviviente.
    - Soy afortunado.
    - Tengo expectativas realistas de mí mismo.
    - La opinión de Dios sobre mí es más importante que las opiniones de los demás sobre mí.
    - Soy más que lo que logro.
    - Trato de mostrar a todos amor, alegría y paz.
    - Soy un amigo confiable para los demás.
    - Soy hermoso por dentro y por fuera.

    ¿Alguno de estos mensajes te da paz? ¿Un sentido de propósito?

    Dedica un tiempo hoy a estar en la zona de consuelo de Dios. ¿Qué quiero decir con eso? En Cantar de los Cantares 1:4 (NBLA) dice: *Llévame en pos de ti y corramos juntos. El rey me ha llevado a sus cámaras*. Este es un lugar al que podemos ir y sentir intimidad y amor. Me gusta verlo como un nido de calidez y seguridad.

    Para llegar a este lugar, pasa un tiempo buscando y escribiendo versículos bíblicos que te ayuden a comprender mejor el amor de Dios por ti.

HÁBITO 2:
PERSEGUIR MI PROPÓSITO

Pues nos hemos convertido en su poesía,
un pueblo creado de nuevo que cumplirá el destino que Él
nos ha dado a cada uno porque
estamos unidos a Jesús, el Ungido. Incluso antes de nacer,
Dios planeó de antemano nuestro destino y las cosas buenas
que haríamos para cumplirlo.
Efesios 2:10 (TPT, traducción libre)

¿Te ha dicho alguien alguna vez que eras bueno en algo, pero interiormente te preguntaste cómo era posible que te consideraran talentoso? Cuestionabas cómo no podían ver lo que tú ya sabes: que delante de ellos está una persona que la mayoría de los días apenas puede seguir avanzando en la vida. Yo he sido culpable de tener exactamente esos pensamientos. ¿Y tú?

La verdad es que todos tenemos algo en lo que somos buenos. Para algunos, estos talentos surgen rápida y fácilmente.

Para otros, como yo, ha tomado años llegar a un lugar donde nos sintamos lo suficientemente seguros como para usar esas habilidades.

Desde muy temprano, mi amiga Cindy supo que le encantaba trabajar con animales. Consideró ser veterinaria, pero le preocupaba enfrentarse al entrenamiento médico requerido; por lo tanto, trabajó a tiempo parcial en un hábitat natural durante los veranos. Al mismo tiempo, asistió a la universidad y obtuvo un título en biología. Finalmente, aplicó a escuelas de derecho para convertirse en abogada ambiental enfocada en la protección de hábitats de animales. Este proceso le tomó muchos años y tuvo varios giros inesperados. El resultado final fue que encontró lo que le daba propósito y alegría. Descubrió algo para lo que fue creada.

Desgraciadamente, otra amiga, Shara, tuvo una experiencia totalmente diferente con su amor por los animales. En cierto momento, decidió abrir una guardería para perros. Shara obtuvo con éxito un préstamo que le permitió construir una hermosa instalación, pero pronto descubrió que no tenía las habilidades para cuidar a los animales. Sumado a los gastos iniciales, Shara tuvo que contratar peluqueros, personal médico y asistentes para el hospedaje. También se dio cuenta rápidamente de que necesitaba publicitarse. Para su consternación, Shara pronto descubrió que había otras dos instalaciones de hospedaje a menos de cinco millas de su nuevo edificio. Al año siguiente, la economía se volvió más desafiante. Al final tuvo que cerrar las puertas y vender el edificio. Fue una lección costosa para ella, que le enseñó la necesidad de desarrollar un plan financiero completo, de reconocer y adquirir las habilidades adecuadas para el negocio, y de entender la importancia de establecer trabajo en red y capacitar al personal necesario para avanzar hacia su sueño.

Un gran ejemplo de la necesidad de preparación y desarrollo externo también se encuentra en la historia de Moisés. Es considerado uno de los mayores profetas en el judaísmo. La mayoría de nosotros preferiríamos no esperar hasta los ochenta años, pero esa fue la edad de Moisés cuando Dios lo llamó a hacer aquello para lo cual fue creado. El viaje de Moisés lo llevó de ser un bebé en una canasta flotando en el río, a la realeza en una tierra gobernante. De un pastor común a ser el libertador de Israel. Moisés progresó de ser alguien que se sentía incómodo al hablar en público a ser uno de los personajes más poderosos en discurso y acción en la historia.

Lo realmente notable es que Dios no alteró el plan de vida de Moisés solo porque él mismo no podía verlo. Cuando Moisés dudó de su capacidad, Dios no le dijo: "Está bien, puedes quedarte en un segundo plano".

Cosas asombrosas sucedieron en el proceso de crecimiento y aprendizaje de Moisés cuando él cooperó con el proceso. El Dios del universo le dio metas paso a paso para lograr, y oportunidades para tener éxito, a medida que avanzaba hacia su propósito como el libertador del pueblo de Dios.

SENTIRSE NO CALIFICADO

Si eres como yo, hay momentos en los que te sientes menos que calificado o luchas por ver la vida como otros la ven. La historia de vida de Moisés nos brinda un buen ejemplo de cómo vivir nuestra identidad o propósito en cooperación con un Padre celestial que nos ama profundamente y quiere que tengamos éxito. La mayoría de nosotros no comprendemos los planes que este papá perfecto ha depositado en lo más profundo de nosotros antes de que incluso naciéramos.

Salmos 139:13-14 (NVI) nos dice:

Tú creaste mis entrañas; me formaste en el vientre de mi madre. ¡Te alabo porque soy una creación admirable! ¡Tus obras son maravillosas y esto lo sé muy bien!

Incluso cuando Moisés no lo veía por sí mismo, estaba siendo preparado para los propósitos que fue diseñado para cumplir en su vida. Dios desea que tengamos metas de vida, que seamos adaptables y que superemos desafíos. ¡Quiere que cada uno de nosotros cumplamos este potencial!

Un estudio reciente realizado por George Barna nos dice que el 75 por ciento de los adultos de entre veinte y cincuenta años todavía están buscando su propósito en la vida.[1] Esta estadística sorprendente es algo a lo que todos debemos prestar mucha atención. Es extremadamente difícil saber quiénes somos cuando no conocemos nuestro propósito.

La Jerarquía de Necesidades de Maslow es una de las teorías más conocidas sobre el desarrollo humano (ver imagen abajo). Su concepto básico es que todos crecemos a través de etapas en nuestras vidas. Maslow observó que los seres humanos luchan por avanzar al siguiente nivel de la jerarquía hasta que las necesidades del nivel anterior están satisfechas. En última instancia, creía que saltarse un nivel podía causar una crisis de sentirse insatisfecho o incompleto.

En otras palabras, saltar un paso haría que no tuvieras las habilidades necesarias para tu siguiente nivel de tareas.

Por ejemplo, según el modelo de Maslow las personas batallarán para comprender el nivel de comunidad y pertenencia hasta que hayan resuelto el nivel que incluye las necesidades básicas de alimentos y vivienda.

En la pirámide de Maslow las necesidades básicas de la vida se encuentran en la base de la pirámide, y los sueños y deseos de nivel superior están en lo más alto. Él propuso que la mayoría de nuestras necesidades básicas están relacionadas con nosotros mismos, mientras que nuestras necesidades de nivel superior involucran nuestras relaciones y propósito de vida.

La investigación de George Barna también descubrió que solo el 33 por ciento del grupo de edad entre veinte y cincuenta años ha encontrado el equilibrio entre conocer y disfrutar su propósito de vida.[2] Las personas que están confundidas acerca de su propósito pueden batallar con el mismo problema que Shara, mencionado anteriormente en este capítulo. Es posible que hayan priorizado sus sueños de nivel superior antes de cubrir algunas de las necesidades básicas de nivel inferior.

Todos disfrutamos tener un lugar donde vivir, comida para comer y una familia y comunidad que nos ayuden a sentirnos amados y aceptados. Debemos entender que no está mal que cada una de estas necesidades y niveles requiera tiempo, esfuerzo y energía para desarrollarse. Cuando saltamos algunas de estas necesidades de nivel inferior y nos lanzamos a las necesidades de autorrealización de nivel superior, a menudo podemos encontrarnos estresados en lo físico, en lo emocional y lo espiritual.

BATALLANDO CON EL PROPÓSITO

Según el estudio de Barna, un gran porcentaje de nosotros batalla con la razón por la que realmente estamos aquí. La mayoría de nosotros se pregunta: *¿Qué se supone que debo lograr o de qué debo formar parte en este loco mundo?* Esta falta de realización causa sentimientos de vacío, decepción y frustración.

La teoría de Maslow nos dice que la determinación y la dedicación son necesarias para trabajar en todas las etapas de desarrollo de la vida. Cindy y Shara son un gran ejemplo de comprender y comprometerse con el proceso en el que tu creatividad puede proveer para ti, además de alentarte emocionalmente y satisfacerte en lo espiritual.

Muchas definiciones académicas nos dicen que nuestra identidad implica nuestras creencias, valores, sentido de uno mismo, seguridad en nuestras relaciones, y comprensión de nuestras experiencias. Entender y dar sentido a estos atributos requerirá compromiso y fuerza de voluntad. Eso es lo que haremos con los hábitos de este libro, así que quédate conmigo en este viaje de identidad para una mente sana y una vida feliz.

Pregúntate: *¿Qué estoy llamado a ser o hacer en este mundo?*

ENTIENDE TU IDENTIDAD

Veamos algunas recomendaciones para comprender las etapas del modelo de desarrollo personal de Maslow. A medida que dediques tiempo a ellas, te acercarán a la meta final de saber realmente quién y qué fuiste creado para ser.

1. Debes saber que tienes acceso a las promesas de identidad de Dios.

   Saber que nunca caminarás solo en este viaje de vida puede hacerte sentir especial, amado y seguro. Maslow nos dice que desde esta posición podemos explorar y desarrollarnos a través de las etapas de la vida de una manera saludable.

   Encontrar y abrazar las promesas de Dios se convirtió en mi meta cuando estaba sanando de una traición en mi vida. En mis momentos de lucha profunda y oración sentí que el Señor me mostraba dónde buscar. Me susurraba que estaba luchando porque buscaba mi propósito y mi identidad en los lugares equivocados. *Sentí que Él me mostraba que mi identidad y propósito de vida residían en mi espíritu.* Esta comprensión me llevó a emprender un viaje para entender qué significaba tener una identidad en un lugar que se sentía oculto y protegido en mi ser.

Tuve que trabajar arduamente para confiar en mi espíritu antes de apoyarme en mi intelecto y mis emociones. A menudo nos dicen que sigamos nuestro instinto, pero no estaba segura de si eso era lo mismo que seguir al Espíritu en mí. Aprendí que tenía que pasar tiempo con mi Creador para entender cómo y por qué fui creada. La manera más fácil que conocía para hacer eso era escuchar y leer lo que el Espíritu decía que era verdad en la Palabra de Dios.

En el segundo capítulo del Cantar de los Cantares la novia sulamita comienza a verse a sí misma en un lugar de aceptación y amor. Empieza a comprender la importancia de la opinión del rey. Aprende a colocar eso por encima de sus pensamientos, emociones o sentimientos más temporales.

En el versículo 1, la novia dice: *Soy verdaderamente su rosa, el tema principal de su canción. Estoy bajo la sombra de su amor, como un lirio que crece en el valle* (TPT, traducción libre). La novia sulamita comienza a verse como el rey la ve, a darse cuenta de que es ella quien le deleita. Eso significa que ella es quien ha ganado completamente su corazón. Finalmente entiende el nivel de importancia que tiene para él. Es plenamente conocida, completamente aceptada y totalmente amada.

Como todos estamos diseñados para ser la Novia de Dios, estos pensamientos también se aplican a nosotros. Saber cómo Dios se siente acerca de nosotros se vuelve muy poderoso una vez que aprendemos a aceptarlo. El Padre Dios desea esta misma relación íntima y reveladora de identidad con cada uno de nosotros. Es aquí donde comenzamos a entender, profundamente en nuestro espíritu, que su amor nos cubre de continuo.

Cuando nuestras emociones o pensamientos dirigen nuestras vidas, a menudo carecemos de la paz y la alegría que deseamos. Podemos quedarnos preguntándonos cómo una persona puede experimentar este amor y aceptación con un Dios santo. No sé tú, pero a menudo me preocupaba si estaba bien con Dios porque me faltaba una paz a nivel del Espíritu. El Espíritu necesita tomar prioridad en nuestras vidas. Cuando lo hace, un lugar profundo dentro de nosotros estará satisfecho y también satisfará algunas de nuestras necesidades básicas y psicológicas en la jerarquía de Maslow. En este paso, pasa tiempo pidiéndole que te hable sobre sus propósitos para tu vida. Intenta confiar primero en tu Espíritu.

2. Debes saber que estás a salvo y que perteneces a un lugar especial.

La necesidad de pertenecer y el miedo a no pertenecer son muy naturales para los seres humanos. En la jerarquía de Maslow, la necesidad de sentirse amado o de pertenecer viene justo después de asegurar nuestra seguridad y protección. Aunque la mayoría de nosotros deseamos conexiones cercanas, nuestras inseguridades pueden llevarnos a resistir estas relaciones. A menudo sentimos la contradicción de necesitar comunidad en una cultura que valora y celebra la independencia.

¿Tienes miedo a exponer partes de tu personalidad que podrían no gustarles a otros o malinterpretar?

Puede que te preocupe mostrar debilidad o revelar tu verdadero yo a las personas, pero ¿sabías que eso podría impedirte comprometerte verdaderamente en tus relaciones? Esto puede incluir tu relación con Dios.

Un conocido matemático francés del siglo XVII, Blaise Pascal, describió lo que muchos de nosotros enfrentamos en nuestras vidas. Él dijo: "Hay un vacío en forma de Dios en el corazón de cada hombre que no puede ser llenado por ninguna cosa creada, sino solo por Dios, el creador, revelado a través de Jesús".[3]

Es una cosa maravillarse de Dios, pero es algo completamente diferente tener una relación de cercanía e intimidad con Él. Es bueno saber quién es Él, pero aún mejor sentirte completamente seguro, entendido y conocido en su presencia.

En el Cantar de los Cantares, la novia sulamita comienza a vislumbrar quién está llamada a ser. Se siente tan amada y entendida que comienza a verse a sí misma de la misma manera que el rey la ve. Incluso se arriesga a usar el mismo nombre que él utiliza, llamándose a sí misma *su rosa*. Ha comenzado a entender que su valor es inquebrantable para el rey. No hay nada que pueda pasarle o suceder a su alrededor que la haga sentir no amada. Piensa en la seguridad de esa afirmación. Soy amada y adorada, en mis buenos y malos días. Nadie puede quitarme esa conexión.

Necesitamos recordar que Dios nos creó. Nos conoce por completo, de adentro hacia afuera. Dado que Él es omnipotente, no hay un poder mayor en el universo.

Hay seguridad y pertenencia en esta verdad. Dios no comete errores y es muy intencional en las cosas buenas que ha creado en ti. En este paso, pídele a Él que te haga sentir esa seguridad, protección y valor que deseas. Sé vulnerable en este paso.

3. Comprende tus habilidades y talentos naturales.

   Cada uno de nosotros tiene habilidades y talentos dados por Dios. Esos talentos nos permiten crecer y desarrollarnos en varios niveles de la pirámide de Maslow. Nuestras habilidades naturales pueden brindarnos la seguridad de alimentos y vivienda. Además, cuando se realizan bien, también pueden ofrecernos sentimientos de logro.

   Si estás teniendo dificultades para comprender los talentos y las habilidades en tu vida, un buen lugar para comenzar a explorarlos es tomando una prueba o test de personalidad. Tres de las test de personalidad más populares son DiSC®, Birkman® y el Indicador de Tipos de Personalidad Myers-Briggs (MBTI®). Puedes encontrar más información sobre estas y muchas otras opciones en el internet.

   Los test de personalidad identifican áreas en tu vida que podrían desarrollarse más o fortalezas que merecen atención. Por ejemplo, si creciste en un hogar que valoraba enormemente la educación superior, muchos de los miembros de tu familia podrían trabajar en el ámbito educativo, pero si siempre te has sentido atraído por trabajar con tus manos, puede que sientas que no estás a la altura de las expectativas familiares. Tomar una de estas pruebas podría ayudarte a ver que estás mejor equipado para trabajar en carpintería, construcción o ingeniería en lugar de ser profesor como tu papá o tu mamá.

Muchas personas descartan la importancia de buscar oportunidades en la vida mientras trabajan para comprender sus propósitos, llamados y metas. Por ejemplo, si yo quisiera mejorar mis habilidades de fotografía, sería valioso buscar posibilidades para ganar experiencia o comprensión ofreciendo mis servicios como voluntario con un profesional local o tomando algunas clases para mejorar mi competencia.

Es estupendo admirar a personas talentosas, y es importante establecer metas que nos desafíen, pero si no haces el esfuerzo para que tus sueños se hagan realidad, eso no sucederá. Establecer metas medibles te ayudará a buscar y priorizar las habilidades y la capacitación necesarias. Con el tiempo, estas experiencias mejorarán tu dominio y conocimiento, permitiendo que tus pasiones se conviertan en realidad.

A cada uno de nosotros se nos ha dado una tarea en este mundo, y uno de nuestros mayores llamados es buscarla, comprenderla y trabajar para completarla bien. En este paso, te desafío a comprometer tu mente y corazón a perseguir aquello para lo que Dios te creó.

EJERCICIOS DEL HÁBITO 2: AVANZANDO CON PROPÓSITO

1. Responde las siguientes preguntas acerca de tu dirección e identidad:
   - ¿Hay algún nivel en la pirámide de necesidades de Maslow en el que sientas que estás atascado? ¿Qué necesitarías para avanzar?
   - ¿Qué te apasiona en tu vida personal y profesional?
   - ¿Sientes que tienes un rol específico al que estás llamado en la sociedad? ¿En qué crees que consistiría hoy?
   - ¿Por qué te gustaría ser recordado después de haber dejado este mundo?
2. Pasa algún tiempo pensando en tus relaciones y tu comunidad actuales:
   - ¿Te sientes conectado con algunas de las personas cercanas a ti?
   - ¿Crees que *esas personas* se sienten cercanas a ti o distantes? ¿Por qué?
   - ¿Cuáles son las tres cosas que podrías hacer para ampliar tu círculo o conexión con tu comunidad?
3. Sentirte orgulloso o inspirado por algo en tu vida puede beneficiar tu bienestar espiritual, emocional y físico. ¿Qué áreas podrías trabajar en tu vida para ayudarte a lograr una mayor sensación de logro? Enumera al

menos cinco cosas que te harían sentir exitoso en algún área. Tómate tiempo para reflexionar u orar por cada elemento de tu lista. Aquí hay algunas ideas para ayudarte a comenzar:

- Escalar una montaña
- Pagar una factura importante
- Leer la Biblia de principio a fin
- Trabajar en una habilidad necesaria para tu trabajo soñado
- Viajar a tu país soñado
- Ser voluntario en un lugar que te inspire
- Comer sano durante seis días seguidos y luego durante un mes completo
- Aprender a jugar ajedrez
- Probar un entrenamiento que te desafíe

Cuando cumplí cincuenta años, pensé que podía hacer entrenamientos de alta intensidad con algunos amigos de veinte años. Lo pagué con una rodilla y un hombro lesionados. No era práctico para ese punto de mi vida. Aunque es admirable querer desafiarte a ti mismo, aprende de mi lección y asegúrate de que cada meta sea realista para tu etapa de vida.

4. Pídele a al menos otra persona que te diga cuáles son, en su opinión, tus mejores atributos y talentos. Si está dispuesta a hacerlo, devuélvele el favor diciéndole cuáles son sus mejores cualidades.

HÁBITO 3:
SILENCIAR LA VERGÜENZA

Los que buscan su ayuda estarán radiantes de alegría; ninguna sombra de vergüenza les oscurecerá el rostro.
Salmos 34:5

En algún momento la mayoría de nosotros experimentaremos un evento traumático en la vida. Algunos experimentaremos varios de ellos. Años atrás, una crisis en nuestro hogar sacudió mi mundo. Compartir mi historia me ayudó a aprender mucho acerca de mi verdadero yo. Produce una sanidad liberadora cada vez que hablo de esto: cuando la vergüenza se convirtió en una maestra que cambió mi vida para siempre.

Mi esposo y yo habíamos estado casados por casi veinticinco años. Estábamos construyendo una nueva casa, mi esposo recibía promociones de manera rutinaria, y los niños estaban en una escuela que adoraban. Yo tenía buenos amigos, una iglesia maravillosa, cuidaba mi salud y disfrutaba de nuestra comunidad. Por fuera, las cosas parecían ir realmente bien.

Sin embargo, dentro de nuestro hogar mi esposo y yo estábamos batallando. Era común que evitáramos hablarnos el uno al otro incluso cuando estábamos en la misma habitación. Discutíamos por las mismas cosas una y otra vez. Ambos necesitábamos ganar tan desesperadamente que no podíamos escucharnos. La sabiduría nos habría dicho que buscáramos ayuda, pero por vergüenza u orgullo decidimos aguantar la semana, el mes, los años. Y, desgraciadamente, ocurrió lo peor que le puede pasar a un matrimonio.

Neal conoció a alguien que le hablaba positivamente y lo hacía sentir deseado e importante. Su conexión se volvió física, y él se volvió hábil en ocultarla. No me enteré hasta que una noche anunció que se mudaba y que no debía saber su ubicación. En las semanas siguientes descubrí que no solo me estaba dejando por otra mujer, sino que también había decidido que estaba enamorado de ella. Como es de esperar, muchas cosas ocurrieron en los meses posteriores. Lo más importante es que mi pequeña vida ordenada se vino abajo.

ESCONDIDA A PLENA VISTA

En ese momento en mi camino, no comprendía cuánto necesitaba a las personas y su apoyo. Necesitaba confiar en que las personas me cuidarían. Aunque lo deseaba, nunca lo dejé ver. Me escondía a plena vista. Cuando estaba fuera de casa, nadie habría sabido que me estaba desmoronando por dentro.

Recuerdo entrar a mi armario y sentarme detrás de un montón de ropa. Traté de respirar, traté de despejar mi mente, y lloré y lloré. No me daba cuenta de cuán simbólico era ese lugar secreto para mí. Estaba realmente sacudida por la pérdida, preocupada y con miedo. Pero, curiosamente, también sentía vergüenza.

Necesitaba desesperadamente consuelo, cuidado y compañía, pero no confiaba en que podría encontrarlos nunca en mi vida. Mi esposo y yo no nos habíamos brindado eso el uno al otro durante años. Comencé a creer que tendría que vivir sin amor, cuidado y empatía. Y, con su infidelidad, adopté la idea de que tal vez lo merecía. Cuando las personas internalizan la vergüenza como lo hacía yo, la deshonra y la humillación se convierten en "quién eres". Peor aún, crees que los demás tienen el mismo juicio sobre ti.

EMOCIONES EN EL CORAZÓN HUÉRFANO

La vergüenza es una de las emociones más dolorosas que los humanos experimentamos. Cuando sientes vergüenza, generalmente es una forma de autorrechazo. Tus pensamientos suelen ser negativos y condenatorios hacia ti mismo. En ocasiones, las personas comprueban que su mente se queda en blanco o se sienten confundidas. Otras podrían experimentar malestar estomacal o náuseas.

En su núcleo, la vergüenza es la creencia de que algo está intrínsecamente mal en nosotros. La vergüenza puede hacernos sentir que no somos suficientes y que no estamos a la altura. ¿Y qué sucede entonces?

Nuestra esperanza se convierte en desesperanza.

Nuestro poder se transforma en impotencia.

Nuestro valor se vuelve insignificante.

De repente, desaparece nuestra sensación de seguridad.

Cuando hay un nivel elevado de vergüenza, a menudo nos alejamos de los demás, incluso de aquellos que más nos aman. Esta experiencia se llama tener un espíritu huérfano, como Jesús lo describió en Juan 14:9-10. El corazón huérfano[1] se siente solo, desprotegido e incapaz de depender de los demás. Brené Brown, una conocida autora e investigadora, ha dedicado gran parte de su vida a estudiar el tema de la vergüenza. Ella nos dice que si pudiéramos poner la autodecepción o la vergüenza en una placa de Petri (recordarás que es un recipiente de vidrio o plástico en forma de disco que se utiliza para estudiar microorganismos) y le agregáramos empatía y amor incondicional, la vergüenza no sobreviviría.[2] ¿Por qué? Porque estos componentes desintegrarían la vergüenza.

Entonces, si lo que descubrió Brené Brown es cierto, esta es una pregunta difícil: si todos tenemos el amor incondicional de Dios el Padre, y tal vez incluso la empatía de otros en nuestras vidas, ¿por qué no lo sentimos? ¿Por qué la vergüenza sigue rondándonos? ¿Por qué todavía nos cuesta creer que alguien se preocupa de verdad por nosotros? ¿Por qué es tan difícil dejar que otros, o Dios mismo, entren en nuestros corazones, emociones o círculo de confianza? Esa lucha con la vergüenza era como una flecha clavada en mi corazón y me llevó a esconderme.

En mi viaje personal, aprendí que muchas cosas podrían alejarnos del amor incondicional de Dios, de su cuidado y de la libertad que nos ofrecen. Nuestras circunstancias dolorosas pueden convertirse en obstáculos. Las personas pueden convertirse en barreras. Esto puede inhibir nuestro crecimiento personal o nuestra capacidad para tomar nuevos riesgos. Una de las mayores barreras cuando batallamos con la vergüenza puede ser nuestros propios pensamientos y sentimientos después de un incidente que genera vergüenza. Podría ser que lastimamos a alguien con nuestras palabras o acciones imprudentes, nos metimos en problemas financieros, fallamos en una clase o en un proyecto de trabajo. Las personas que han sido abusadas a menudo se encuentran luchando con sentimientos de duda personal. La mayoría de estas experiencias nos impiden experimentar la empatía de Dios, su amor incondicional y su libertad.

En mi propio intento de dejar de esconderme y superar lo que me mantenía prisionera en el armario, seguí tres pasos específicos. Estos incluyeron:

- Reconocer los síntomas de vergüenza que me rodeaban.
- Aprender a ser vulnerable nuevamente, a propósito.
- Arriesgarme y apoyarme en experiencias de amor saludable en mi vida.

DÓNDE COMENZÓ LA VERGÜENZA

Antes de explorar cómo funciona cada paso, echemos un vistazo a dónde comenzó la vergüenza. Génesis 2:9 (NVI) dice:

> *Dios el Señor hizo que creciera toda clase de árboles atractivos a la vista y buenos para comer. En medio del jardín hizo crecer el árbol de la vida y también el árbol del conocimiento del bien y del mal.*

Pero había una regla en el jardín: no comer del árbol del conocimiento del bien y del mal. Génesis 2:16-17 (NVI) establece claramente esa regla:

> *Dios el Señor le ordenó al hombre: «Puedes comer de todos los árboles del jardín, pero del árbol del conocimiento del bien y del mal no deberás comer. El día que de él comas, sin duda morirás».*

También vemos en el versículo 25 cómo eran las cosas bajo esa regla: *El hombre y la mujer estaban desnudos, pero no se avergonzaban* (NVI).

¿Por qué mencionó Dios que no sentían vergüenza? Me pregunto si fue porque la vergüenza se convertiría en uno de los mayores problemas de nuestra cultura. También creo que es probable que Dios quisiera que supiéramos algo desde el principio: la vergüenza no formaba parte de su plan diario normal para nosotros.

Curiosamente, la palabra hebrea para vergüenza, *bosh*, es mucho más fuerte que simplemente estar abochornado. *Bosh* significa estar completamente abatido y atado por una sensación de pecado y culpa.[3] Con una simple acción (desobedecer a Dios y comer del fruto prohibido), Adán y Eva pasaron de caminar por el jardín, conversar con Dios y sentir paz y alegría, a experimentar un abatimiento total.

En Génesis 3:9-13 (NBLA), la historia continúa:

> *Pero el Señor Dios llamó al hombre y le dijo: «¿Dónde estás?». Y él respondió: «Te oí en el huerto, tuve miedo porque estaba desnudo, y me escondí». «¿Quién te ha hecho saber que estabas desnudo?», le preguntó Dios. «¿Has comido del árbol del cual Yo te mandé que no comieras?». El hombre respondió: «La mujer que Tú me diste por compañera me dio del árbol, y yo comí». Entonces el Señor Dios*

dijo a la mujer: «¿Qué es esto que has hecho?». «La serpiente me engañó, y yo comí», respondió la mujer.

La mayoría de las personas se enfoca en señalar con el dedo en estos versículos. Pocos profundizan en el hecho de que Adán y Eva admiten su miedo y se esconden; sin embargo, nunca expresan culpabilidad por haber comido el fruto prohibido. No admiten su responsabilidad por hacer lo que querían en lugar de escuchar lo que Dios dijo que era bueno para ellos. Podrían haber dicho la verdad en ese momento: "Nos escondimos porque nos dijiste que no comiéramos el fruto, y decidimos hacerlo de todos modos". Y en lugar de confesar lo que *sí* hicieron y admitir su culpa, trataron de esconder *quiénes eran* y continuaron sintiéndose avergonzados.

Hay momentos en los que la vergüenza puede tener un propósito en nuestras vidas. Nos deja saber cuándo algo no está bien. La vergüenza a la que me refiero a lo largo del libro no es temporal ni tampoco es beneficiosa. Es un recordatorio constante de sentirnos devaluados. Es lo que nos impide tomar decisiones correctas y ser quienes Dios creó que fuéramos.

SANAR DE LA VERGÜENZA

Cuando tratamos de esconder quiénes somos, o nuestra identidad, puede ser porque estamos luchando con la vergüenza. Es importante comenzar tu proceso de sanidad reconociendo esa vergüenza.

Mi viaje personal fue largo y difícil. Fue duro para mí y para nuestros tres hijos pequeños. Mi esposo se mudó a un apartamento, y ambos comenzamos el proceso legal de separación. A veces era desgarrador darme cuenta de que nuestras vidas estaban a punto de cambiar y que no había vuelta atrás. Si alguna vez has experimentado una traición, entiendes que trabajar en el dolor y la humillación es solo una parte del proceso.

Nuestra primera Navidad sin Neal fue un momento de ajuste para nuestra pequeña familia. Los niños y yo comenzábamos a acostumbrarnos a estar sin él diariamente en la casa. Fue desgarrador, pero estábamos construyendo una vida nueva y muy diferente juntos.

Durante ese mismo tiempo, el Señor estaba hablando al corazón de Neal. Dijo que se sentó solo en una reunión en una iglesia la víspera de Navidad y supo que había cometido el mayor error de su vida. Estaba seguro de que ninguno de nosotros lo querría de regreso en nuestras vidas. Después de las fiestas, nos pidió a todos si podría tener otra oportunidad. Los niños estuvieron completamente a favor, y yo estaba dispuesta a intentarlo.

Nuestro "intento" inicial se parecía mucho a un juego de culpas. Estábamos convencidos de que si la otra persona simplemente arreglaba sus problemas, habría paz y alegría de ahí en adelante. Las personas afectadas por la vergüenza luchan con ser vulnerables con respecto a sus fallas, pero esconderse hace imposible ser genuino o vulnerable. Tratamos de controlar nuestro entorno para evitar que otros se acerquen demasiado a la verdad, y que así no encuentren nuestro verdadero yo.

En Cantar de los Cantares 2:9 (TPT, traducción libre) la novia sulamita también se esconde y dice: *Ahora él se acerca, incluso a los lugares donde me escondo. Mira dentro de mi alma, asomándose por el portal mientras florece dentro de mi corazón.* La novia se da cuenta de que ha levantado un muro entre ella y su amado. Él sentía la distancia entre ellos. Al esconderse, ella ha permitido que su vergüenza pasada bloquee su intimidad con su amante.

Tristemente, ha estado cerrada a lo único que podría ayudarla a sanar, pero entonces el amado mira profundamente en su alma, ve todos sus lugares ocultos y no retrocede. Él llega hasta su ser más íntimo, se acerca a ella y le hace saber que es amada.

EL PODER DE LA HONESTIDAD

Después de reconocer la vergüenza, el siguiente paso es aprender a ser honesto acerca de tu dolor y sufrimiento. El poder de la vergüenza puede crear temor y quebranto en tu vida.

Isaías 54:4 confirma la necesidad de transparencia con su mensaje esperanzador:

> *No temas; ya no vivirás avergonzada. No tengas temor; no habrá más deshonra para ti. Ya no recordarás la vergüenza de tu juventud.*

Marcos 5:25-34 nos habla de la mujer con flujo de sangre. Ella había batallado con su hemorragia la mayor parte de su vida, y su problema le convirtió en una marginada. Según la ley, no se le permitía ni siquiera estar en público. Cuando escuchó acerca de los milagros que Jesús había hecho, ideó un plan. Salió a escondidas de su casa y fue al mercado para encontrar a Jesús. Finalmente, lo localizó en medio de una gran multitud. Decidida, la mujer avanzó para tocar el borde de su manto. Al instante, Jesús sintió que salía poder de su cuerpo y se volteó para preguntar quién lo había tocado. Como había tanta gente a su alrededor, los discípulos no tenían idea de quién podía ser.

Pero ella lo sabía. Jesús estaba hablando de ella.

La mujer, sabiendo lo que había sucedido, se acercó temblando de miedo y, arrojándose a sus pies, confesó toda la verdad (Marcos 5:33, NVI)

Esta mujer tomó un gran riesgo. Sabía que sería avergonzada e incluso posiblemente castigada cuando la multitud se diera cuenta de que habían sido expuestos a su impureza. Ella vivía en una vergüenza constante; sin embargo, a pesar de saber lo que podría sucederle, dio un paso adelante y confesó que ella era quien había pasado entre la multitud para tocar a Jesús.

A pesar del miedo de la mujer, se movió *hacia* Jesús en lugar de alejarse de Él.

Eso es una nota muy importante, y que yo necesitaba ver. Parecía más seguro seguir escondiéndome y controlando quién podía escuchar partes de mi narrativa, pero al abordar nuestra vergüenza es un riesgo que debemos enfrentar: ¿Estamos dispuestos a volvernos vulnerables nuevamente con las personas y tal vez incluso con Dios? ¿Entendemos que es una *fortaleza* avanzar, aunque nos arriesguemos a ser heridos, posiblemente una segunda o tercera vez?

ARRIESGANDO LA VULNERABILIDAD

¿Cómo respondió Jesús a la mujer que extendió su mano para tocarlo? Su primera palabra hacia ella fue *Hija*. La llamó su hija. En hebreo, la frase "hija de Dios" significa "aceptada por Dios, gozándose en el cuidado y la protección peculiar de Dios".[4] Con una sola palabra, Jesús le dijo que era amada y digna.

¿Oíste eso? No solo fue sanada, sino que también se le dio su verdadera identidad: hija; aceptada, cuidada y protegida. Con una palabra, Él eliminó de ella cualquier temor o culpa por sus acciones. Fue separada de quien creía ella que era.

Cuando nos permitimos ser conocidos, estamos en camino de experimentar la libertad de una vida libre de vergüenza. Al igual que la novia sulamita, el Señor ya ve todo sobre nosotros y nos aprueba. Somos aceptables ante Él. Somos sus hijas y sus hijos. Somos cuidados, protegidos, somos su novia.

Cuando nos avergonzamos de admitir que necesitamos sanidad o de admitir que hemos sido dañados, eso puede causar más vergüenza aún. Eso es precisamente lo que sucedió en mi vida. No es un secreto que cuando sufres por la vergüenza, lo último que quieres hacer es volverte vulnerable. De hecho, ¡la razón por la que podrías estar sufriendo vergüenza es porque arriesgaste algo con alguien! Entonces, ¿por qué querrías abrirte a más?

La vergüenza no siempre llega con grandes heridas o traiciones. Puede colarse a través de las maneras más inocentes e inesperadas. A veces, simplemente por ser diferente.

- Puedes tener una etnia diferente a la de tus amigos o familiares.
- Puedes ser más bajo o más alto, más grande o más pequeño que tus amigos o familiares.
- Puedes haber nacido en gran pobreza o gran riqueza.
- Puede que hayas sido abusado por las personas que se suponía debían amarte y cuidarte.
- Puedes tener características comúnmente asociadas con el sexo opuesto.

- Tu familia puede simplemente ser diferente, un poco extraña, o no haber estado presente en tu infancia.

Sin importar de dónde venga tu vergüenza o cuál sea tu objetivo final, superarla *requerirá algo de riesgo*. Si quieres experimentar conexión con los demás, o incluso con Dios, tomar pasos para que eso suceda requerirá que te arriesgues y te abras a compartir.

Vivimos en una cultura donde volverte vulnerable (exponer tus miedos e incertidumbres y tomar riesgos emocionales) se considera una forma de debilidad. La mayoría de nosotros queremos huir de estas emociones, pero cuando abrimos la puerta a la conexión genuina y la sanidad al exponernos, tenemos esas experiencias íntimas que producen propósito y significado en nuestras vidas.

INCLINARNOS HACIA EL AMOR Y LA ACEPTACIÓN

El tercer paso que necesitamos tomar para sanar nuestra vergüenza es literalmente inclinarnos hacia el amor y la aceptación.

Desgraciadamente, el enemigo sabe que si puede lograr que nos escondamos de quienes Dios nos creó para ser, perderemos de vista nuestra identidad, así como el amor y la aceptación que necesitamos desesperadamente.

Piensa en esto en conjunto con lo que vemos suceder en nuestra cultura en este momento. Por ejemplo, el mundo en el internet frecuentemente toma el lugar de nuestra interacción física con otras personas. A menudo nuestras vidas están cautivas por los horarios, los teléfonos y las computadoras. Debido a eso, estamos distraídos constantemente y no tenemos tiempo para enfocarnos y construir una verdadera conexión con los demás. En consecuencia, somos menos relacionales, más aislados y menos propensos a experimentar cercanía con los demás.

Sabemos que esos encuentros cercanos, o *experiencias de amor incondicional,* son esenciales para la salud y la sanidad en nuestras vidas; sin embargo, siendo realistas, también entendemos que implican tomar riesgos y esfuerzo por nuestra parte. Hablaremos más sobre esto en los próximos capítulos.

DEJA DE TENER MIEDO: COMIENZA A TOMAR LOS RIESGOS NECESARIOS

Nos encontramos con María de Betania solo unas pocas veces en la Biblia, pero cada vez la vemos a los pies de Jesús. Su riesgo y devoción fueron las experiencias más profundas después de recibir amor y aceptación. Ella podía sentirlo de Jesús, y quería estar cerca de Él siempre que pudiera.

En nuestro encuentro con María en Lucas 10, el Señor la defiende cuando su hermana Marta la reprende por dejarla sola en la cocina haciendo todo el trabajo. Marta estaba frustrada porque toda la carga de los preparativos recaía sobre ella. ¿Alguna vez has sido la persona que se queda encargada del desorden mientras alguien más disfruta de la fiesta?

Mientras Marta se quejaba, María estaba sentada con los discípulos escuchando a Jesús enseñar. Estaba experimentando una relación, conexión y amor. La Escritura nos dice que Marta estaba ansiosa y preocupada por muchas cosas. Tal vez las tareas domésticas no habían sido su única queja; sin embargo, la respuesta de Jesús en Lucas 10:42 revela su aprobación hacia María: "Hay una sola cosa por la que vale la pena preocuparse. María la ha descubierto, y nadie se la quitará".

La "sola cosa" que María había elegido era pasar tiempo con Dios, en su presencia. Ella priorizó una experiencia de amor incondicional. Sabía que había vivido una vida de vergüenza y deshonra (se cree que ella es la "mujer pecadora" en Lucas 7:37-38 que lavó los pies de Jesús con sus lágrimas, los secó con su cabello y los ungió con un perfume costoso). Ahora, era una persona diferente en la presencia del amor y la aceptación.

La vergüenza no puede existir en la presencia del amor verdadero.

Escondida en el armario, yo tenía miedo de dejar que esas experiencias de amor entraran. Recuerdo pedir a Dios que me mostrara que realmente le importaba todo lo que yo estaba atravesando. Le pedí que me mostrara que me estaba protegiendo y proveyendo para mí. Esperaba que hiciera ambas cosas de la manera en que yo pensaba que debería hacerlo.

Sin embargo, en lugar de eso, Él respondió llenándome de una paz increíble; una paz tan poderosa que ni siquiera tenía sentido la mayoría de los días. Me mostró su amor enviándome personas que conectaron conmigo, me llevaron comidas y oraron por cambio y sanidad. Y respondió mis oraciones de otra manera importante.

Tanto Neal como yo logramos superar el enojo y la desconfianza para encontrar un terreno común. Dios estaba obrando en nuestros corazones. Confié en Dios, y Él me dijo que no me apresurara, sino que tuviera paciencia en este proceso. Fuimos bendecidos con un grupo de amigos fieles que asumieron la misión de cubrirnos semanalmente en oración mientras esperábamos. El proceso estuvo lleno de muchos altibajos. Ambos necesitábamos bastante paciencia, perseverancia y amor incondicional para superar el daño que habíamos infligido a nuestra relación, pero ambos decidimos confiar en Dios en el proceso, y estamos muy agradecidos de haber perseverado. ¡Dios restauró nuestras mentes y emociones, y sanó nuestro matrimonio!

Las palabras que escuchas cuando alguien habla, o incluso cuando lees un libro, a menudo se olvidan; sin embargo, cuando el Padre Dios te declara su amor, su verdad se convierte en parte de ti de una manera que siempre recordarás. Si estás sintiendo el mismo dolor, es mi oración que dejes que Él te encuentre como lo hizo conmigo.

La mujer sulamita escuchó este mismo mensaje en Cantares 1:16. Cuanto más experimentaba a Dios, más glorioso se volvía Él en su mente y su espíritu. Su amor liberará ese conocimiento directamente en nuestros corazones. Las mentiras y la desconfianza le decían que permaneciera en guardia y se escondiera de Él, pero en estos intercambios de amor descubre su ternura y cuidado hacia ella. A medida que es inundada por este amor, su respuesta es sencilla. Ella dice las palabras: "Eres más placentero de lo que las palabras pueden expresar"

En *El viaje sagrado* se nos dice que Jesús está dispuesto a saltar montañas de temor y muros de inseguridad hasta que haya capturado nuestros corazones[5] (¿no es eso extraordinario?). ¿Qué crees que te ocurriría si comprendieras verdaderamente cuán amado eres por el Dios del universo, y cuán especial eres para Él?

EJERCICIOS DEL HÁBITO 3: EVALÚA TU VERGÜENZA

1. Piensa en un momento en el que podría ser útil escuchar a la vergüenza. Escribe tus sensaciones al atravesar esa experiencia.
2. Reflexiona sobre un momento en el que escuchar o dejarse atrapar por la vergüenza realmente interfirió en tu vida. Por ejemplo, la vergüenza podría haberte mantenido aislado de los demás. Escribe lo que sucedió.
3. ¿Qué notas sobre tus pensamientos cuando sientes vergüenza? ¿Tus pensamientos se aceleran o tu mente se queda en blanco? Escribe en un diario lo que te sucede. ¿Eres consciente de lo que te dices a ti mismo en esos momentos? ¿Qué te diría el amor incondicional?
4. ¿Cómo crees que te ves físicamente cuando te sientes avergonzado? Si alguien te observara, ¿cómo te describiría? Por ejemplo, ¿tienes la mirada abatida? ¿Están caídos tus hombros? Escribe lo que ocurre para que puedas aumentar tu consciencia sobre cómo te comportas durante episodios de vergüenza.
5. Hemos hablado de que la vergüenza nos hace querer retirarnos y escondernos. Piensa en una relación en la que tus reacciones a la vergüenza puedan estar interfiriendo con el desarrollo de una interacción más profunda con alguien que te importa. Describe lo que ha estado ocurriendo. ¿Qué necesitas cambiar para que esa relación sea más saludable y más divertida para ambos?

HÁBITO 4: RECIBIR AMOR Y ACEPTACIÓN

En vez de su vergüenza, mi pueblo recibirá doble porción; en vez de deshonra, se regocijará en su herencia; y así en su tierra recibirá doble herencia y su alegría será eterna.

Isaías 61:7 (NVI)

Hace varios años atrás aconsejé a una mujer asombrosa que me enseñó algunas lecciones importantes sobre el valor del amor y la aceptación al lidiar con la vergüenza.

Sarah era lo que yo consideraría un cable vivo. Hacía mucho tiempo que había renunciado a la oportunidad de celebrar quién era realmente y lo que estaba destinada a cumplir aquí en la tierra. Pasaba mucho tiempo proyectando quién quería ser. Estaba claramente perturbada y agitada cuando nos conocimos en mi consulta. Era evidente que había pasado la mayor parte de su vida buscando pelea. Sentí que utilizaba nuestras conversaciones iniciales para intentar desestabilizarme con historias de sus comportamientos pasados.

Mientras reflexionaba sobre sus declaraciones en las semanas siguientes, me di cuenta de que Sarah quería terminar con el rechazo cuanto antes. Estaba convencida de que no me gustaría si conociera toda su historia negativa y fea. Más adelante descubrí que esperaba que yo, junto con otras personas en su vida, estuviera tan decepcionada de ella que terminaría abandonándola.

Un día entró a mi consulta, recostó la cabeza en el respaldo de la silla y soltó: "Tengo algo más que decirte que no puedes arreglar. Tuve un aborto cuando estaba en la universidad". Solo escuché mientras continuaba: "Sabía que mi novio y yo éramos demasiado jóvenes para casarnos. Sabía que eso iba en contra de lo que yo pensaba sobre la vida, pero el bebé no era conveniente, y no sabíamos qué más hacer".

Entonces comenzó a sollozar. "Vine hoy para que me ayudes a deshacerme de la vergüenza. He guardado este secreto por mucho tiempo. El arrepentimiento y el dolor de esa decisión han sido mis compañeros constantes por más de veintiocho años".

Mientras ella tomaba aire, le toqué la rodilla y la alenté a continuar diciendo: "¿Qué tal si dedicamos un tiempo a hablar de esto ahora?".

Mi corazón se rompió por Sarah porque, como muchos de nosotros, había escuchado un mensaje popular de la cultura: "Mi cuerpo, mi decisión". El problema con esa cosmovisión era que le había causado un dolor constante. Ahora, principalmente sentía desprecio por sí misma y por muchas de sus decisiones.

He conocido a muchas "Sarah" que desearían haber sabido cómo sería el otro lado de sus elecciones.

Sarah declaró que no estaba segura de que habría cambiado su decisión de abortar, pero le hubiera gustado que alguien la ayudara a examinar las posibilidades para tener una perspectiva de las repercusiones futuras. El miedo y la vergüenza la llevaron a aislarse y enfrentar las consecuencias sola. Y había guardado todo dentro de sí por casi tres décadas.

Sarah, como yo, necesitaba comprender y sentir alivio, gracia y amor en su vida. Al aceptarnos tal como somos realmente, incluidos nuestros errores, podemos superar los sentimientos de lamento y duda de nosotros mismos. Sin gracia, la vergüenza puede consumirnos.

TODO EL MUNDO TIENE SECRETOS

En 2019 un estudio descubrió que los problemas emocionales y físicos se agravan cuando las personas guardan su vergüenza en secreto.[1] De hecho, las personas reservadas tienden a estar más deprimidas, son propensas a la vergüenza, ansiosas y sensibles al juicio de los demás. Pueden recurrir a mentiras para evitar situaciones que puedan exponerlas.

Los secretos a menudo reflejan nuestras creencias falsas sobre nosotros mismos. Este tipo de vergüenza secreta es poco saludable y un ataque a toda nuestra identidad. Todo el mundo ha escondido algo en algún momento de su vida, pero los secretos que crean vergüenza son los que gritan: "Soy malo" en lugar de: "Hice algo malo".

Es importante sentirnos completos y seguros. ¿Por qué? Porque solo cumplimos el llamado en nuestras vidas desde un lugar de intimidad y seguridad. Necesitamos sentir la libertad de tomar riesgos. Y necesitamos acercarnos a las personas e incluso a Dios como nuestra red de seguridad en situaciones en las que cometemos errores. En resumen, es en esas *experiencias de amor incondicional* donde comenzamos a convertirnos en quienes fuimos creados para ser.

Desgraciadamente, los secretos refuerzan la idea de que debes enfrentar las luchas de la vida en soledad. Cuando estés listo para arriesgar la vulnerabilidad, encuentra personas dispuestas y capaces de apoyarte con paciencia sin juicio o crítica, que te ayudarán a llegar a lugares profundos en tu interior. Te brindarán consuelo al darte cuenta de que Dios no solo te ama, sino que también le gustas con imperfecciones y todo.

LA PODA Y EL REFINADO CONDUCEN A NUEVO CRECIMIENTO

Si realmente queremos comprender y experimentar el amor en nuestras vidas, necesitamos llegar a un punto donde estemos listos para la poda y el refinado. Mientras estaba sentada en mi armario, Dios me hablaba sobre las decisiones que había tomado en mi vida; al mismo tiempo, estaba tratando asuntos con mi esposo. Una temporada de deshacernos de las cosas muertas en nuestras vidas, como nuestra culpa, rechazo y dolor, es necesaria para el nuevo crecimiento de una mente sana y feliz.

Es importante saber que sentir remordimiento por los desastres que hemos causado en nuestras vidas es clave para nuestra poda y sanidad. Alejarnos verdaderamente de nuestros errores pasados puede ser difícil e incluso doloroso, pero nos ayudará a crecer y cambiar. ¿Qué tipo de cambio? El cambio que produce sanidad y aceptación de experiencias de amor incondicional.

La mujer sulamita lo siente en Cantares 2:16 (TPT, traducción libre) donde dice: *Yo soy de mi amado, y mi amado es mío; nos deleitamos el uno en el otro.* Ella ha sido (finalmente) conquistada con aceptación y amor incondicional. Su novio la vio mientras se escondía, y ahora ella lo ha buscado a él.

El libro de Cantares nos recuerda que nunca dejamos de ser amados por Dios en nuestras luchas. Él no se olvida de nosotros. Siempre nos ama. Primera de Juan 4:18 (NVI) nos recuerda esto al decir: *En el amor no hay temor,* y que el perfecto amor, que es el que Dios tiene por nosotros, expulsa todo temor. Romanos 8:1 también nos dice que Él quita toda condenación a través de Jesús. Aquellos que conocen el amor de Dios no tienen nada que temer.

LA HUMILLACIÓN ES UN EQUIPAJE QUE AUMENTA EN SECRETO

La culpa, la vergüenza y la humillación por eventos y decisiones pasadas son parte del equipaje que cargamos en nuestras vidas y nuestras relaciones. Esto puede resultar en conductas como el perfeccionismo, el control, el aislamiento, e incluso corazones endurecidos.

Para quienes están casados, puede dificultar la comunicación saludable con su cónyuge. Para quienes están solteros, puede limitar nuestra capacidad de permitir que las personas se acerquen a nosotros. Para quienes tienen hijos, puede impactar nuestra forma de crianza. Y para quienes tienen dificultades en las amistades, afecta nuestra capacidad de aceptar a otros tal como son.

La culpa, la vergüenza y la humillación pueden afectar nuestra capacidad de ser vulnerables y de creer que somos realmente amados. Estos demonios mortales evocan una gama de emociones dolorosas, desalentadoras y falsas. Pueden hacerte sentir que nadie es confiable, incluyéndote a ti mismo. A través de mis propios desastres he descubierto que cuando tienes problemas para confiar en ti mismo, es una señal segura de que estás luchando con tu identidad.

DESCUBRE UN AMOR PROFUNDO, PERMANENTE Y SANADOR

La culpa, la vergüenza y la humillación dan como resultado un diálogo interno negativo, que a su vez puede producir una falta de confianza y una necesidad de hipercontrol (en un intento de evitar ser herido otra vez). En mi caso, estaba decidida a ser autosuficiente y a protegerme a mí misma. Me convertí en una persona que buscaba sobresalir en todo para evitar ser vulnerable nuevamente al dolor de la humillación. Estaba atrapada en un círculo vicioso. No tenía confianza en mí misma ni en los demás para cuidarme o respaldarme.

Los terapeutas a menudo mencionan los lados derecho e izquierdo del cerebro al hablar con las personas sobre la confianza. Los diferentes lados del cerebro tienen circuitos distintos que se vuelven predominantes en etapas tempranas de la vida y procesan la información de maneras muy diferentes. Ambos son necesarios para combatir experiencias negativas con la confianza y el lamento.

El lado izquierdo del cerebro alberga el pensamiento sistemático y lógico. Es más hábil para tareas verbales que involucran pensamiento analítico, números y razonamiento. Las personas que confían solo cuando algo tiene sentido suelen ser pensadores del lado izquierdo del cerebro. Este lado responde bien a la verdad de la palabra escrita para ayudar a recordarte lo que tu espíritu ya sabe.

El lado derecho del cerebro es mejor para tareas expresivas y creativas. Las personas del lado derecho a menudo se describen como más emocionales, intuitivas y creativas. Pueden clasificarse como pensadores libres. Esta parte de nuestro cerebro nos ayuda a cambiar de perspectiva cuando estamos estancados. Los pensadores del lado derecho suelen sentir confianza solo cuando creen que alguien realmente está de su parte.

Considera estas verdades de refuerzo para el lado izquierdo del cerebro tomadas de la Palabra de Dios, junto con algunas citas:

TIENES UN DESTINO

> *Porque yo conozco los planes que tengo para ustedes —afirma el Señor— planes de bienestar y no de calamidad, a fin de darles un futuro y una esperanza.*
> (Jeremías 29:11, NVI)

> "La única persona en la que estás destinado a convertirte es la persona que tú decides ser" (atribuido a Ralph Waldo Emerson).

TIENES UN PROPÓSITO

> *Tus ojos vieron mi cuerpo en gestación: todo estaba ya escrito en tu libro; todos mis días se estaban diseñando, aunque no existía uno solo de ellos.* (Salmos 139:16, NVI)

> "Nadie puede hacerte sentir inferior sin tu consentimiento" (atribuido a Eleanor Roosevelt).

PUEDES MARCAR UNA DIFERENCIA EN EL MUNDO

> *Estoy convencido de esto: el que comenzó tan buena obra en ustedes la irá perfeccionando hasta el día de Cristo Jesús.*
>
> (Filipenses 1:6, NVI)

"No puedes regresar y cambiar el inicio, pero puedes cambiar el final" (autor anónimo).

Ahora, contempla la fortaleza del lado derecho del cerebro. Date permiso a ti mismo para experimentar las emociones a medida que lees las siguientes declaraciones:

> *Estoy destinado a vivir así,* a pensar: *Estoy decidido a no seguir sentado en la puerta de la humillación.*
>
> *Nunca puedo confiar en las personas en mi vida,* a pensar: *Puedo arriesgarme a abrirme de nuevo.*
>
> *Nunca puedo cambiar,* a pensar: *No aceptaré que mi forma de ser es mi destino. Daré un paso adelante y haré los cambios cuando sea necesario.*

SUPERANDO LOS DOLORES DEL PASADO

Como bebés y niños, aprendemos y experimentamos a través de nuestros cinco sentidos, lo cual es una actividad del lado derecho del cerebro; sin embargo, cuando salimos de la escuela secundaria se considera que somos principalmente procesadores del lado izquierdo del cerebro. Ambos lados de nuestro cerebro utilizan experiencias saludables para combatir las experiencias negativas y dolorosas del pasado.

Para combatir la desconfianza en mi propia vida necesitaba aprender a enfrentar las mentiras, entender mis emociones sobrecargadas, y apoyarme en el amor incondicional de Dios. Armada con estas habilidades, pude enfrentar el miedo, la duda y las inseguridades, así como los engaños del mundo y de mi propia mente.

Sarah luchaba con la idea de perdonarse a sí misma por sus errores. Tenía dificultades para confiar en que otros podrían perdonarla por haber tomado el control de las situaciones. Desgraciadamente, también estaba atrapada creyendo que nunca podría perdonarse a sí misma.

El perdón es importante. Investigaciones realizadas en las últimas dos décadas han demostrado que el perdón puede llevar a una mejora en la autoestima, una mayor productividad, una reducción de la ansiedad, y disminución de la depresión.[2] Y esos son solo los beneficios emocionales. El perdón también puede tener beneficios positivos para la salud física. La *Concordancia Strong* muestra que el perdón se menciona en 102 versículos de la Biblia. Eso es mucho. Claramente, Dios quiere enviarnos un mensaje.

Al igual que Sarah, perdonarnos a nosotros mismos puede ser un desafío; pero, si no nos perdonamos, es probable que no hayamos creído realmente que Dios puede perdonarnos también.

¿Entendiste eso? Déjame repetirlo. Si no nos perdonamos a nosotros mismos, es probable que no creamos verdaderamente que Dios nos ha perdonado.

Tal vez fracasaste muchas veces en tu vida, pero *tú* no eres un fracaso. Y no puedes hacer nada por tu cuenta para remediar tu vergüenza y tu culpa.

EJERCICIOS DEL HÁBITO 4: TU PLAN DE AMAR

Toma un momento para trabajar en los siguientes ejercicios. Escribe tus respuestas donde puedas repasarlas más adelante.

1. Escribe los nombres de un par de personas con las que estés listo para conversar sobre tu historia de vergüenza. Determina cuánto estás dispuesto a compartir. ¿Quieres que solo te escuchen y te apoyen? ¿O prefieres que te den su opinión sobre lo que compartas? Antes de comenzar, hazles saber lo que estás buscando.
2. Después, tómate un tiempo para considerar algunas mentiras que estás creyendo sobre ti mismo y que te impiden sentirte amado. Escribe algunas de ellas.
3. Ahora que has explorado las mentiras, dedica un tiempo a buscar la verdad. Trabaja en escribir lo opuesto o la contradicción de la mentira. Incluso si no puedes creerlo en este momento, busca alternativas a tu reacción inicial. Por ejemplo, yo podría creer la mentira de que no puedo ser aceptado por nadie o que no soy digno de ser amado. La verdad es que no hay nada que podamos hacer para detener el amor de Dios en nuestras vidas. Por lo tanto, escribo la verdad: Él me ama completamente, y Él es amor perfecto.

   Podría ser útil buscar en la Escritura y ver lo que Dios dice acerca de ti. Si no tienes una Biblia física, puedes encontrar varias buenas en el internet que te permitirán buscar versículos por palabra clave (por ejemplo, "plan de amor de Dios", etc.). YouVersion es un ejemplo de una aplicación de Biblia gratuita.

Aquí hay algunos versículos para comenzar: 2 Timoteo 1:7; Efesios 1:4; 2 Corintios 5:17; 1 Tesalonicenses 1:4; Efesios 2:10; Juan 3:16; 1 Pedro 2:9; Salmos 146:5; 1 Pedro 2:24.

Si te encuentras creyendo una mentira, recuerda cambiarla por una nueva verdad, como las que se descubren en estas escrituras. Este ejercicio comenzará a cambiar el modo en que tu cerebro procesa la información.

4. Como consejera, sé que permitirte a ti mismo experimentar sentimientos dolorosos es fundamental para el proceso de sanidad. Pero ten presente esto: en nuestro lugar de desesperación y tristeza, nuestro Padre celestial también está triste junto a nosotros. La seguridad que experimentas con el Padre Dios abre la puerta a una manera completamente nueva de vivir. Descubrirás que ya no eres cautivo de tu pasado, sino que en cambio das pasos valientes hacia el plan de Dios para tu vida. Serás conocido por tu alegría y paz, y reproducirás su toque sanador en las vidas de quienes te rodean. Esto se llama cambiar "belleza por cenizas", como se menciona en Isaías 61:3. Dios trabaja a nuestro favor. Nada de nuestras experiencias se desperdicia; todas las cosas son redimidas y convertidas en victoria. Estas son sus promesas para nosotros.

Si estás listo para vivir en esta libertad, dedica tiempo a hacer la siguiente oración:

Padre Dios, por favor muéstrame si estoy guardando algo contra mí mismo o contra otros hoy. Muéstrame si hay alguna mentira que he creído sobre mí que necesito entregarte.

Padre Dios, te pido que me perdones y me liberes de la autocondenación. Te pido que limpies completamente y cubras estas acciones y creencias con tu sangre y tu amor. Te agradezco tu aceptación incondicional e invito a que tu presencia esté conmigo en mi corazón y en mi espíritu hoy.

HÁBITO 5:
CONFRONTAR EL RECHAZO

Dios ha dicho: «Nunca te fallaré. Jamás te abandonaré».
Hebreos 13:5

La escuela secundaria puede ser una etapa incómoda para la mayoría de las personas. Muchas cosas están sucediendo en las vidas de los jóvenes en ese periodo. Las hormonas están en su apogeo, los cuerpos están cambiando, y los sistemas de creencias se van formando. Algunos comienzan a parecerse a adultos jóvenes, mientras que otros todavía se ven como niños. Muchachos y muchachas comienzan a notarse como algo más que solo alguien con quien jugar durante el receso.

Desgraciadamente para mí fue una época en la que yo era más alta que la mayoría de los otros niños de mi clase. A los trece años, el desarrollo de mi cuerpo no seguía el ritmo de mi altura. Me sentía muy diferente a mis compañeros y extremadamente incómoda. Hubo momentos en los que fui víctima de burlas. Tal vez tú sufriste lo mismo. Para mí, tratar de pasar inadvertida se convirtió en mi objetivo diario.

Sin importar cómo haya sido esa etapa para ti, todos tenemos muchas emociones relacionadas con nuestros recuerdos de esos años de crecimiento. Nuestro cerebro trabaja para almacenarlos, tanto los buenos como los malos. Yo a menudo sentía que a nadie le importaba. Lo peor de esos sentimientos de soledad y rechazo era el hecho de que no me molesté en contarles a otros lo que sentía.

Durante los años de adolescencia, nuestros lazos cercanos pueden comenzar a cambiar de los miembros de la familia a los amigos. Encontrar personas seguras en cualquiera de estos grupos puede convertirse en una gran lucha, especialmente si has sido excluido o dejado de lado. Esa fue mi experiencia.

Recuerdo una Navidad en particular cuando mi familia fue a Florida a visitar a mi abuela. Con la temperatura alrededor de los 7 grados centígrados en la playa, no era una de las más cálidas de Florida. Pero veníamos de "casi Canadá", así que cualquier cosa era mejor que el clima de casa. Ese aumento de 4 grados en la temperatura encontró a mi familia usando nuestros trajes de baño y acurrucándonos en toallas durante una hora solo para decir que habíamos llegado a la playa.

Esa experiencia fue divertida y triste, pero lo que más quedó en mi memoria fue lo que sucedió cuando regresé a la escuela. Estuve fuera un par de días extra para hacer ese viaje, y supongo que esperaba ser recibida por amigos o maestros emocionados de verme; sin embargo, nadie parecía siquiera notar que había estado ausente. Entré a mi salón de clase, me senté en mi escritorio y nadie se volteó ni se movió en su silla. Puedo recordar esa escena hasta la fecha. Sé que muchas personas increíbles luchan con heridas similares que provocan sentimientos y emociones como: "¿Qué sentido tiene?" o "¿Por qué estoy aquí?". Si alguna vez has experimentado estas mentalidades, ¡no estás solo!

Mucho tiempo después, procesé lo que me estaba sucediendo a mí y a mis emociones durante esa parte de mi vida. Como la mayoría de los adolescentes de secundaria, mis vínculos se estaban moviendo hacia un grupo de influencia diferente: mis compañeros. Sin embargo, la mayoría de las veces no me sentía conectada con ellos. De hecho, me sentía rechazada por ellos, y debido a eso me escondí de esos mismos compañeros durante casi un año. Mis acciones dejaron una brecha enorme en mi vida que traté de llenar con conexiones poco saludables en el futuro.

LUCHANDO CON EL RECHAZO

Muchas personas luchan con estas mismas impresiones en sus vidas. Su gran deseo es ser conocidas y amadas, pero su mundo parece vacío de amigos cercanos y relaciones. Si ese es tu caso, ¡te escucho! Debido a que nuestros sistemas nerviosos están diseñados para necesitar a los demás, el rechazo realmente duele. Las investigaciones confirman que la sensibilidad al dolor emocional reside en la misma área del cerebro que experimenta el dolor físico. Piensa en esto por un momento. Sentirse rechazado y no amado puede doler como un golpe en el estómago.

Es esencial entender las ramificaciones del rechazo, la soledad y el aislamiento, y lo que le hacen a tu psique. En resumen, estos sentimientos negativos ponen a tu cerebro en modo de autopreservación.

A partir de estudios de imágenes cerebrales, sabemos que la corteza visual (la región del cerebro que procesa la información visual) se vuelve más activa durante los periodos de soledad o cuando nos escondemos. Imagina que estás sentado en una cueva oscura. Estarías observando cualquier cosa que se mueva, ¿verdad? En este punto, el cerebro está buscando peligro.

Mientras esto sucede, la zona del cerebro responsable de la compasión y la capacidad de respuesta humana se vuelve menos activa. ¿Por qué? Porque estamos en modo de supervivencia y enfocados en nuestras propias necesidades. En el modo de supervivencia tenemos poco tiempo para ocuparnos de los problemas de los demás.

¿Por qué nuestro cerebro tiene esta reacción? En términos sencillos, los humanos no fuimos diseñados para ser criaturas solitarias. Fuimos creados para sobrevivir en comunidad. La necesidad de interactuar está profundamente arraigada en nuestro código genético.

La ausencia de una conexión social en el largo plazo causa las mismas alarmas iniciales que el hambre, la sed y el dolor físico en nuestro cuerpo. Cuando hablamos de conexión, nos referimos a pasar tiempo con amigos o familiares. El tiempo en tu teléfono o computadora te permite interactuar con otros, pero no cuenta como comunidad auténtica para tu cerebro. El objetivo es pasar tiempo juntos cara a cara.

Cuando estás solo, tu consciencia de tu entorno aumenta, ya que subconscientemente buscas problemas. Al mismo tiempo, tu capacidad de respuesta y necesidad de relación disminuyen. Ambas cosas te impedirán querer conectar con los demás.

Por lo tanto, sentado solo en esa cueva, tu cerebro ha comenzado a entrar en modo de aislamiento. Si alguien intentara acompañarte en tu cueva, tu razonamiento te diría que es mejor no hacer amigos, porque podría interferir con tu necesidad de sobrevivir; esos amigos podrían resultar ser enemigos. Esto es cierto tanto si estás en un entorno familiar como si no.

En resumen, si el aislamiento está presente en tu vida, podrías creer que establecer relaciones con otras personas podría hacerte daño. Este ciclo de rechazo y aislamiento puede crear una soledad crónica si no se detecta a tiempo. Si la soledad se prolonga, puede derivar en depresión. Cuando estás deprimido, tu deseo de buscar comunidad disminuye todavía más. Se convierte en un círculo vicioso.

VALOR PARA AVANZAR

Hay momentos en los que nos sentimos lejos de Dios y de los demás. Parece como si se escondieran de nosotros, incluso cuando los buscamos y oramos por apoyo. Esto puede hacernos sentir expuestos, olvidados y rechazados. Sin duda, la mujer sulamita experimentó eso en Cantares 3:1 (TPT, traducción libre), donde dice: *Noche tras noche me revuelvo en mi lecho de dolor. ¿Por qué lo dejé ir? ¡Cómo me duele el corazón ahora por él, pero no lo hallé por ningún lado!*

¿Qué podemos hacer en momentos como este? La novia sulamita es un ejemplo de valor para salir de ese lugar de aislamiento. En el versículo 2 nos dice cómo lo aborda:

> *Así que me dije: Me levantaré y recorreré la ciudad, y buscaré por todas las calles y las plazas. Buscaré a mi amado. Entonces busqué por todas partes pero no lo encontré.*

El rechazo nos lleva a preguntarnos: "¿Por qué me abandonaste? ¿Por qué no me amas? ¿Dónde estás? ¿Por qué no puedo sentirme conectado contigo?". Y, como ella, debemos estar dispuestos a buscar y hacer sacrificios por el lugar donde sentimos amor y adoración.

CONECTAR CON OTROS Y VOLVER A SENTIRNOS SOLOS

Muchos de nosotros luchamos con el deseo natural de estar relacionados con otros. Esta lucha ocurre con mayor frecuencia si anteriormente hemos conocido el amor y experimentado la alegría que produce emocional, espiritual y físicamente. Entendemos lo que estamos perdiendo ¡y queremos recuperarlo!

Uno de los resultados del dolor de sentirse excluido puede ser la autocompasión. En este estado, sentimos que nuestra única opción es lamer nuestras heridas; sin embargo, el dolor de sentirse abandonado o solo también puede motivarnos positivamente a descubrir qué necesitamos cambiar o sanar. Como la novia sulamita, necesitamos buscar esa conexión segura y amorosa.

Por lo tanto, ¿cómo podemos llegar a un lugar donde nos sintamos completos otra vez en nuestras vidas? Vamos a desglosarlo juntos. Cuando nos sentimos excluidos y aislados, estas son algunas cosas que puedes hacer para ayudar a reducir el dolor:

- Observa señales de aislamiento y evasión;
- Reformula tu narrativa; y
- Cuando sea apropiado, trabaja en el perdón.

1. OBSERVA SEÑALES DE AISLAMIENTO Y EVASIÓN

El rechazo, el amor condicional y los apegos poco fiables o poco saludables son instigadores de la soledad y de más rechazo. Creo que son algunos de los mayores obstáculos para una mente sana y una vida feliz, y que pueden tener raíces que se extienden por generaciones en algunas familias.

Los científicos sociales nos dicen que los sentimientos de rechazo, aislamiento y alienación están en máximos históricos. De hecho, han alcanzado proporciones epidémicas:

- El 46 por ciento de los estadounidenses reporta sentirse solo o excluido.[2]
- Solo el 27 por ciento siente que pertenece a un grupo de amigos.[3]
- Aproximadamente la mitad, el 53 por ciento, reporta tener interacciones significativas en persona diariamente.[4]

Por lo tanto, con todos los problemas en nuestra cultura actual, ¿por qué es esto tan importante? La ciencia médica ha descubierto que estos sentimientos, si no se tratan, son tanto emocional como y físicamente dolorosos. Pueden generar graves consecuencias médicas y de relaciones en el largo plazo.[5]

Cuando el rechazo resulta en aislamiento, aumenta nuestras probabilidades de muerte prematura en un 26 por ciento.[6] Una encuesta de 2018 realizada por Cigna reveló: "La soledad tiene el mismo impacto en la mortalidad que fumar 15 cigarrillos al día, lo que hace que sea incluso más peligrosa que la obesidad".[7]

El rechazo que conduce a la soledad aumenta nuestra presión arterial y los niveles de cortisol, que es una potente hormona del estrés en nuestro cuerpo. Además, puede causar problemas de sueño. Los estudios han demostrado que la soledad está relacionada con trastornos del sueño;[8] en otras palabras, sueño REM deficiente. También se han vinculado el aislamiento y la soledad con problemas como enfermedades cardíacas, cáncer, depresión, diabetes y suicidio.[9]

Los jóvenes que experimentan soledad en la universidad tienen más probabilidades de abandonar sus estudios, lo que puede llevar a peores resultados económicos. Sentirse desconectado y sin apoyo en un empleo puede generar baja satisfacción laboral.

La soledad y el aislamiento debido al rechazo también pueden provocar episodios de ansiedad y arrebatos de ira. Estas son consecuencias alarmantes del rechazo que pueden conducir a una alienación social generalizada. El rechazo o la exclusión social también pueden traducirse en círculos viciosos de aversión a los demás. Sin duda, hemos visto un aumento en los crímenes de odio en nuestra cultura actual. Es importante entender esta conexión para identificar estrategias que fortalezcan nuestras comunidades locales y mundiales.

2. REFORMULA TU NARRATIVA

El siguiente aspecto del rechazo que debemos considerar es cómo vemos el problema. En el campo de la consejería existe un modelo de terapia llamado Teoría Cognitivo-Conductual. Esta teoría sugiere que la mayoría de nosotros tenemos pensamientos automáticos que crean nuestras propias impresiones acerca de lo que está sucediendo con las personas o las circunstancias. Yo misma luché con pensamientos automáticos negativos en mi propio proceso de sanidad.

Un pensamiento automático, por definición, es el pensamiento que surge instantáneamente en nuestra mente cuando algo nos activa. A menudo ni siquiera somos conscientes de que tenemos esas ideas. Cuando estos pensamientos automáticos son irracionales o negativos, pueden ser perjudiciales para nuestro bienestar emocional.

Por ejemplo, ¿qué viene a tu mente cuando tienes una interacción difícil con tu cónyuge, amigo o padre? ¿Es algo como lo siguiente?

- No sirvo para nada.
- ¿Por qué no puedo tener éxito nunca?
- Nadie me comprende.
- Siempre decepciono a los demás.
- Soy muy débil.
- Estoy muy decepcionado conmigo mismo.

Cuando nos sentimos excluidos o abandonados por otros, nuestros pensamientos automáticos pueden intentar explicar el dolor. Podemos caer en justificar las situaciones con pensamientos como estos:

- *Está claro que no entienden cuánto me lastimaron.*
- *Hay algo seriamente mal con esa persona.*
- *Algún día tendré la oportunidad de vengarme por el daño que me causaron.*
- *¿Por qué siempre me ocurre esto a mí?*

Hace unos meses atrás estaba hablando por teléfono con mi amiga Temar mientras me contaba un poco sobre su vida y algunas áreas de duda y miedo que había superado recientemente.

Una de las cosas que dijo fue que estaba muy agradecida por el "regalo del rechazo" en su vida. Por supuesto, eso me hizo detenerme. ¿Qué significaba eso? ¿Por qué veía ella el rechazo como un regalo?

Lo que compartió fue increíblemente profundo. Temar dijo que cuando se sentía rechazada o aislada por las personas, eso le daba la oportunidad de preguntarse:

- *¿Qué estoy creyendo sobre esta situación que puede o no ser verdad?*
- *¿Cuáles creo que son las intenciones de esa persona?*
- *¿Cuáles son algunas alternativas a esas narrativas negativas automáticas?*
- *¿He incluido la perspectiva de la otra persona en mi narrativa?*
- *¿Qué querría mi Padre celestial que supiera acerca de la situación?*

Aquí hay un ejemplo que dio. Ella había organizado un grupo de *coaching* para reunirse en un edificio de su ciudad. Este tipo de reuniones requiere una cantidad significativa de planificación. Varias personas se habían inscrito y pagado por adelantado. Dos semanas antes del evento, los propietarios del edificio cancelaron el espacio.

Para empeorar las cosas, descubrió que no había ningún problema con el espacio. De hecho, otro evento iba a usar esa área al mismo tiempo. Si eres como yo, probablemente habrías gritado que era injusto. Mi mente pensó automáticamente en todas las cuestiones legales, como que el dueño no tenía derecho a preferir a un grupo sobre otro.

Pero lo que hizo Temar fue muy diferente. Se preguntó qué era cierto sobre la situación. Cuestionó sus pensamientos automáticos: *¿Y si el espacio había cometido un error al darme la reserva en primer lugar? ¿Y si el organizador del espacio para el evento no era grosero, sino que estaba avergonzado por su error? ¿Y si ese espacio no hubiera podido acomodar todas mis necesidades?* Y, por último, *¿cómo quiere mi Padre celestial que responda?*

En el viaje hacia resolver la situación, se reunió con el representante del hotel y descubrió que había serios problemas tras bambalinas. Debido a las necesidades de sonido y de equipo, ese espacio habría sido problemático para su grupo. Afortunadamente, debido a la forma en que ella respondió, estuvieron dispuestos a ayudarle económicamente con nuevos planes en otro espacio local.

Si Temar hubiera seguido su pensamiento automático, creyendo que estaban tratando de dañar su negocio, podría haber perdido la solución perfecta. La oportunidad de reconocer sus sentimientos de rechazo y redirigir intencionalmente sus pensamientos y acciones le permitió ver el rechazo como un regalo.

3. CUANDO SEA APROPIADO, TRABAJA EN EL PERDÓN

En la última década, los investigadores se han interesado cada vez más en el perdón y su potencial para mejorar el bienestar personal. La falta de perdón a menudo conduce a la ira y el resentimiento, y finalmente puede filtrarse en otras áreas de tu vida. La falta de perdón también puede causar los mismos problemas de salud que el rechazo. Y, como ocurre con la mayoría de los problemas relacionados con la salud mental, lleva el inconveniente añadido de una tendencia a aumentar de peso cuando te sientes herido y desanimado.

Aferrarse al resentimiento también tiene consecuencias psicológicas. Puede impedirte superar un trauma y conducir a aumentar el riesgo de ansiedad y depresión. Por el contrario, investigaciones sólidas demuestran que practicar el perdón reduce los niveles de cortisol, disminuye la presión arterial, reduce los niveles de colesterol y los riesgos de ataques cardíacos, y mejora el sueño.[10] Las personas que trabajan en el perdón se vuelven más optimistas y compasivas. También hay evidencia que muestra que el perdón aumenta la felicidad en tus otras relaciones.[11]

Si eres como yo, a menudo puedes esperar que las personas se acerquen y se disculpen por lo que han hecho mal, que se prenda en sus cabezas algún tipo de luz para revelar que te han herido. Podemos tener tendencia a no perdonar hasta que llegue ese momento perfecto; sin embargo, el perdón no depende de las acciones o palabras de otra persona. Realmente nos corresponde a nosotros.

Nuestra mente y nuestro cuerpo no están diseñados para cargar con el peso del rencor. En esencia, el perdón es el acto de liberar una deuda, de decidir no albergar más el dolor y el enojo.

El perdón no es fácil, pero a menudo es muy sanador. Y solo se necesita una persona. Santiago 2:13 (NBLA) lo confirma al decirnos: *La misericordia triunfa sobre el juicio.*

LO QUE NO ES Y SÍ ES EL PERDÓN

Esto no es el perdón:

- Perdonar no es justificar ni minimizar lo que hizo la otra persona.

- Perdonar no es eliminar las consecuencias de las acciones de alguien.
- Perdonar no es necesariamente olvidar. A veces deberíamos olvidar, y otras veces deberíamos recordar. Recordar nos ayuda a crear límites que nos mantengan seguros en el futuro.
- Perdonar no es necesariamente reconciliarse y restaurar la relación. A veces, las cosas no pueden volver a ser como antes. Es maravilloso cuando pueden ser, pero no siempre es posible.

Esto sí es el perdón:

- El perdón es un proceso para liberarnos de la prisión del resentimiento y la amargura.
- El perdón es renunciar a nuestro derecho a la venganza.
- El perdón es abrirnos a recibir el amor de Dios y ofrecer ese amor a otra persona que nos ha herido.

Es esencial entender que este proceso puede tomar una hora o puede tomar años; sin embargo, la libertad llega cuando decidimos caminar en perdón y amor en lugar de amargura y hostilidad.

Sentirse excluido y solo, es una experiencia negativa que también puede tomar años superar. Desgraciadamente es una parte normal de vivir en esta tierra con otros seres humanos imperfectos. Siempre que interactuamos con otras personas, corremos el riesgo de ser rechazados en cierta medida. En el pasado, evité el posible rechazo hasta el punto de perder oportunidades para disfrutar de las personas en mi vida. Por favor, no te aísles ni cometas los mismos errores que yo. Tratar estos sentimientos de una manera que permita sanar nuestro ser interior es un gran paso hacia una mente sana y una vida feliz.

CUANDO SE NECESITA MÁS

En épocas de oscuridad, aislamiento o rechazo, a menudo somos forzados a ver nuestras debilidades y vivir por fe. A veces, durante esos momentos más oscuros, necesitamos algo más que el apoyo de otros.

Una vez trabajé con un hombre que llegó al día de su boda lleno de expectativas y emoción; sin embargo, su prometida decidió reconciliarse con su exnovio. Era una boda en un lugar exótico, y fue un desastre horrible para él. Al principio estaba herido y enojado, pero a medida que pasaron los meses y procesamos el dolor juntos, descubrimos un par de cosas importantes para su sanidad.

En primer lugar, aunque quería culpar de todo a su exnovia, se dio cuenta de que él era parte del problema. Entendió que había contribuido a las dificultades en su comunicación e interacción. Aprendió la importancia de examinarse humildemente a sí mismo cuando se siente excluido y solo, como se sintió incluso durante su relación.

En segundo lugar, se dio cuenta de que necesitaba más de lo que las personas podían ofrecerle en ese momento. Necesitaba paz mental. ¿Alguna vez te has sentido así? ¿Sentiste que nadie con quien hablas o escribes puede ayudarte con lo que sientes? En ese momento, mi cliente recurrió a Dios en busca de consuelo.

Uno de sus pasajes favoritos era Romanos 8:31-33 (NVI):

¿Qué diremos frente a esto? Si Dios está de nuestra parte, ¿quién puede estar en contra nuestra? El que no escatimó ni a su propio Hijo, sino que lo entregó por todos nosotros, ¿cómo no habrá de darnos generosamente, junto con él, todas las cosas? ¿Quién acusará a los que Dios ha escogido? Dios es el que justifica.

Decía que repetía una y otra vez que el Dios del universo lo amaba y no le negaría cosas buenas, nunca. Si estás sintiendo rechazo, recuerda estas lecciones y promesas mientras trabajas hacia tu libertad del dolor.

EJERCICIOS DEL HÁBITO 5: DEJA EL PASADO EN EL PASADO

1. Toma un tiempo para recordar una situación en la que lidiaste con el rechazo. Asegúrate de escribir tus recuerdos y experiencias en respuesta a cada una de las preguntas siguientes (este ejercicio funcionará mejor si el incidente no es demasiado reciente, para que tus pensamientos no estén totalmente nublados por el dolor abrumador).
   - ¿Qué emociones sentiste al pensar en lo que sucedió?
   - ¿Hubo algo de la experiencia que te hizo sentir inseguro?
   - ¿Cuál es la narrativa que te contaste sobre la situación?
   - ¿Qué se necesitará para avanzar y comenzar a confiar nuevamente?
   - ¿Cuál es la historia que quieres contarte sobre este evento? ¿Cómo quieres recordar a las personas y los detalles?
2. Considera cerrar los ojos y pedirle a Dios el Padre que te muestre a quién podrías necesitar perdonar en esta temporada de tu vida. Esto podría ser algo que sientes que ya has enfrentado. Escucha cualquier cosa que pueda surgir en tu memoria.

   Si una o más personas vienen a tu mente y no estás seguro de por qué, pregúntate: *¿Hay algo por lo que necesite perdonar a estas personas y liberar hoy?*

Pueden ser cosas que se han dicho o hecho hacia ti, pero también podrían ser creencias que has tenido, como:

- *Necesito perdonarlos por tratarme como si nunca me hubieran querido.*
- *Necesito perdonarlos por no valorarme.*
- *Los libero de no haberme protegido nunca realmente.*

Si estás listo para liberar una ofensa en tu vida, o si reconoces la necesidad de perdonar pero te resulta difícil, considera hacer esta oración:

Padre, hoy quiero perdonar a ________________ por ________________________. Decido liberarlo de cualquier forma en que me haya dañado. Escojo bendecir su vida. Padre Dios, te pido que me liberes del peso de la amargura y la ofensa. Te doy gracias por tu aceptación incondicional y te invito a que estés conmigo ahora en mi corazón y mi espíritu.

HÁBITO 6: CAVAR NUEVAS ZANJAS Y ESCRIBIR UNA HISTORIA MEJOR

Porque el Señor tu Dios, está en medio de ti como poderoso guerrero que salva. Se deleitará en ti con gozo, te renovará con su amor, se alegrará por ti con cantos.
Sofonías 3:17 (NVI)

Cuando tenía treinta y tantos años, mi esposo y yo vivíamos en un barrio muy activo. Siempre había movimiento de niños, perros y adultos entrando y saliendo de las casas de los demás. Una de las vecinas con las que me hice muy cercana tenía cinco hijos, lo que facilitaba nuestra relación: siempre había un niño cercano en edad a uno de los míos, listo para jugar. Lo que más me fascinaba de ella eran las interacciones que tenía con sus seis hermanas. Yo solo tengo un hermano menor, así que para mí era una dinámica muy diferente. Me abrumaba un sensación de amor y comunidad cuando las veía juntas. Mostraban un respeto y admiración mutuos, sin importar lo que estuviera sucediendo. Me invitaban a cumpleaños, celebraciones ruidosas, lo que fuera, así que tuve un asiento en la primera fila para verlas molestas y en ocasiones muy irritadas, pero nunca vi desconexión ni separación entre ellas.

Sabían que no tenían que ser perfectas ni llevarse bien todo el tiempo para estar ahí la una para la otra. En cualquier momento, alguien podía buscar apoyo y sabía que recibiría compañía y apoyo instantáneos. Yo era consciente de que esta dinámica familiar era única, pero en ese momento no entendía por qué. Aunque no era perfecta, esta familia tenía un apego muy seguro entre sus miembros (continúa leyendo, explicaré qué significa esto). Estas conexiones saludables creaban una dinámica sana. Si una de las hermanas se sentía excluida, otra encontraba tiempo para tomar un café o dar un paseo con ella.

Recuerdo que mi amiga me decía que raras veces dejaban pasar una semana sin que una (o todas) se pusieran en contacto. Observar eso era hermoso, y me hacía querer pasar más tiempo con ella y su familia. Mientras procesaba el amor que tenían entre sí, me decidí más adelante en mi vida a entender qué las hacía funcionar tan bien juntas.

Al avanzar hacia la libertad del rechazo, la vergüenza y el temor, ¿cómo podemos *mantenernos* en libertad? ¿Cómo desarrollamos relaciones seguras y cercanas, como las que mi vecina tenía con su familia? Hay un par de cosas que he descubierto en mi camino hacia la plenitud que me han ayudado en esta área. Todo comienza con lo que sucede en nuestras mentes. Quiero compartirlas contigo aquí.

CÓMO CREAR PENSAMIENTOS NUEVOS Y MÁS SALUDABLES

En el campo de la neurociencia hay un dicho: "Las neuronas que se activan juntas, se conectan juntas". En otras palabras, cuanto más usamos un circuito neuronal en nuestro cerebro, más profunda se vuelve esa conexión. Cada pensamiento, emoción y sensación corporal que tenemos activa miles de neuronas y forma una red neuronal.

Piensa en esto como una zanja por donde fluye agua. A medida que el agua sigue tomando la misma ruta, la zanja se hace cada vez más profunda a medida que el suelo se erosiona. Esto es similar a cómo se formó el Gran Cañón. Con la repetición, la conexión entre un desencadenante (por ejemplo, que un amigo no devuelva tus llamadas) y una respuesta (preocupación o enojo por la amistad) se fortalece. Estas neuronas, desde el desencadenante hasta la respuesta, se conectan y forman una red neuronal que se hace cada vez más profunda.

Cuanto antes me dé cuenta de que mi reacción a las llamadas no devueltas no es saludable, más rápido puedo comenzar a trabajar en desarrollar un nuevo patrón. Para cambiar esta red neuronal, tenemos que cavar una nueva zanja: necesitamos crear una red neuronal nueva y más saludable.

La investigación nos dice que tenemos entre doce mil y sesenta mil pensamientos al día.[1] También sugiere que aproximadamente el 80 por ciento de estos pensamientos son respuestas negativas a una situación. Y de estos, el 95 por ciento sigue usando la misma zanja o camino: son exactamente los mismos pensamientos (saludables o no).[2] Estas estadísticas muestran que estamos enfrentando comportamientos muy arraigados.

Sin embargo, si encuentras tus pensamientos del lado negativo o inútil, no es que no haya esperanza.

Hay varias cosas que podemos hacer para realizar un cambio en nuestras conexiones neuronales.

1. Lo primero que podemos hacer es trabajar en nuestra salud. Escuchamos a menudo sobre comer mejor, dormir mejor y hacer ejercicio. Estas cosas son una parte importante para ayudar a que estas neuronas se activen de modo más productivo. Mejores patrones de sueño en realidad crean espacio para nuevas conexiones neuronales.

2. Lo segundo que podemos hacer es proteger *activamente* nuestros pensamientos. Si sigo diciéndome a mí misma que mi amiga no llama porque no le agrado o hice algo para molestarla, esa zanja se profundiza. La repetición la fortalece. La buena noticia es que cada vez que dormimos, nuestro cerebro tiene la oportunidad de renovar estas conexiones. La repetición de cualquier patrón de pensamiento hará que nuestro cerebro asuma que las zanjas son esenciales, y las mantendrá. Tenemos que hacer el trabajo de cambiar nuestros pensamientos a propósito a fin de crear nuevos caminos.

La Biblia nos dice que cuidemos nuestros pensamientos y emociones: *Sobre todas las cosas cuida tu corazón, porque este determina el rumbo de tu vida* (Proverbios 4:23). Este versículo explica por qué es importante ser cuidadosos con lo que pensamos: ¡hay mucho en juego!

Es fundamental saber que aquello en lo que nos enfocamos repetidamente se convertirá en nuestra respuesta habitual. La Biblia nos dice en Filipenses 4:8 que pensemos en cosas buenas y sanas. Esta instrucción es bastante asombrosa cuando te das cuenta de que a través de esos pensamientos buenos, se están construyendo nuevas superautopistas de pensamientos positivos y saludables:

> *Concéntrense en todo lo que es verdadero, todo lo honorable, todo lo justo, todo lo puro, todo lo bello y todo lo admirable. Piensen en cosas excelentes y dignas de alabanza.*

Podemos ser intencionales al pensar en todas las veces que nos hemos sentido amados, aceptados y conectados, en lugar de lo contrario. Recuerda lo que eso está haciendo a las neuronas de tu cerebro, sin mencionar a tus emociones y tu espíritu.

3. Tras ser conscientes de la importancia de guardar nuestros pensamientos, lo tercero que necesitamos practicar es ser intencionales con nuestras narrativas. ¿Qué es una narrativa? Es una historia o relato de eventos, a menudo contada desde un punto de vista específico. Crear una nueva narrativa simplemente significa cambiar el modo en que nos hablamos a nosotros mismos. Es como ponemos en práctica nuevas creencias o reflexiones saludables, y como construimos caminos más fuertes y saludables.

Cuando mi amiga no me responde a un mensaje, mi nuevo razonamiento podría ser: *Está ocupada, pero me responderá cuando tenga tiempo. Somos buenas amigas; si no me llama, intentaré llamarle más tarde. Tal vez necesite decirle que es importante para mí que me responda; quizá los teléfonos no son lo suyo.*

Para construir patrones de pensamiento saludables, necesitamos desafiarnos a pensar en algo diferente cuando surjan desencadenantes. Prepárate. Ten preparada de antemano tu nueva narrativa de pensamiento. ¿Cuáles son algunas otras historias que podrías contarte a ti mismo?

- *Puedo aceptar a los demás tal como son.*
- *Mis errores no son el final; son el inicio.*
- *Elijo vivir con alegría y disfrutar la vida al máximo.*
- *Siempre soy valioso a los ojos de Dios* (ver Salmos 139:13-18).
- *Me esfuerzo por ser lo mejor que puedo ser en toda circunstancia.*
- *Soy un buen amigo, y a las personas les gusta pasar tiempo conmigo.*
- *Dios no me está castigando; Él está luchando por mí* (ver Deuteronomio 20:4).

Toma tiempo para formar nuevas narrativas y declarar estas palabras y otras que den vida sobre ti y tus circunstancias. La Biblia nos dice que lo hagamos en Proverbios 18:21 (NVI): *En la lengua hay poder de vida y muerte; quienes la aman comerán de su fruto*. Podemos animarnos y afirmarnos a nosotros mismos y nuestras circunstancias cuando hemos sido rechazados. Y podemos hacerlo con nuestras propias palabras.

Un estudio de 2021 mostró que las comunicaciones positivas pueden afectar a todos los seres vivos. Para el estudio, se colocaron plantas en dos grupos. A un grupo se le habló diariamente con afirmaciones positivas: "Eres una flor fuerte. Vas a crecer sana y serás la envidia de las demás flores. Vivirás y no morirás".

Al otro grupo de plantas se le habló de forma negativa diariamente: "Eres estúpida y no eres amada. Me avergüenza cuán pequeña eres. Tal vez no logres sobrevivir como planta". Incluso resulta desagradable escribir estas palabras.

Los resultados mostraron que el entorno lleno de positividad tuvo un efecto significativo en el crecimiento de las plantas. Las plantas bajo la influencia de palabras constructivas tuvieron una tasa de germinación más elevada y crecieron más altas, grandes y saludables que las que estuvieron en un entorno negativo.[3]

En Cantares 4:6, la novia sulamita declara vida sobre sus circunstancias. Ella ha decidido ir al novio sin importar lo que suceda:

> *He tomado una decisión. Hasta que la oscuridad desaparezca y el amanecer llegue por completo, a pesar de las sombras y los temores, iré contigo a la cima de la montaña, a la montaña del amor sufriente y a la colina del incienso ardiente. Sí, seré tu esposa.*

Finalmente, ella se ha conectado por completo con el novio. Escuchó palabra tras palabra de afirmación sobre ella (en los versículos anteriores). Se siente amada y apreciada por otra persona. Su confianza supera su miedo. La novia es una imagen de la unión completa y suprema que puede ocurrir cuando ponemos nuestra confianza en el Rey de reyes.

La novia está aprendiendo no solo su identidad, sino también su valor como novia. Ella fue creada para caminar en una relación con alguien que es seguro y tiene grandes cosas reservadas para ella.

El novio en esta historia es una imagen de Cristo, y nosotros somos la novia. Fuimos creados para caminar de la mano con Él. Cristo tiene grandes cosas preparadas para nosotros. Él es el Creador del universo. Nos recogerá y limpiará cuando caigamos. Él es nuestra persona segura. Nunca estará demasiado ocupado ni tendrá un mal día para no querer relacionarse con nosotros. Disfruta de nuestra compañía y desea que disfrutemos de la suya. Nuestro Dios nos dará sabiduría para tomar buenas decisiones en nuestras vidas. Siempre estará ahí cuando clamemos a Él.

CÓMO CREAR RELACIONES NUEVAS Y MÁS SALUDABLES

Podemos llenar nuestras vidas con personas y cosas que nunca nos hacen realmente completos. O podemos aprender a dar y recibir amor de maneras saludables y, al hacerlo, caminar hacia la plenitud y la seguridad.

Como hemos visto, tu identidad personal (o cómo te ves a ti mismo) a menudo está moldeada por tus primeras experiencias o vínculos en la vida. Si esas relaciones causaron heridas, el daño emocional puede causar a veces que no entiendas cómo dar o incluso recibir amor.

Mateo 22:39 nos dice que amemos a nuestro prójimo como a nosotros mismos, pero este mandamiento puede ser muy limitante si realmente no te agradas a ti mismo. Si no crees que eres digno de ser amado, puede resultarte difícil recibir el regalo del amor inmerecido y el favor de Dios; y esto también dificultará que disfrutes de relaciones saludables con los demás.

La Teoría del Apego nos ayuda a entender cómo conectamos con las personas. Nos dice que el vínculo que experimentamos en los primeros años de nuestras vidas ayuda a determinar cómo interactuaremos en nuestras relaciones durante la mayor parte de nuestra existencia. Para cuando cumplimos doce meses, tenemos un marco establecido en nuestro cerebro que nos ayuda a juzgar si las personas son seguras y confiables. Esto se forma a través de nuestras primeras experiencias en la infancia.

Los individuos que experimentan comunicaciones emocionales confusas, aterradoras o quebradas durante su infancia temprana pueden convertirse en adultos que tienen dificultad para comprender sus propias emociones, así como los sentimientos de los demás. Sin la fortaleza de figuras de apego positivas en sus vidas, estas experiencias frecuentemente limitan su capacidad para construir, mantener o vincularse con otros en relaciones exitosas, seguras y saludables.

Las personas con apegos seguros pueden describirse como *ancladas*. Tienen una visión favorable de sí mismas y de los demás. Sus relaciones tienden a ser sinceras, abiertas y balanceadas. Se sienten cómodas con la intimidad. Las personas ancladas están en paz cuando están solas y no temen tanto el rechazo en las relaciones. No exigen lealtad ciega, y aprenden a respetar los límites y las elecciones de los demás. En sus relaciones, reportan mayor satisfacción *y* vulnerabilidad. Se sienten cómodas con la idea de que necesitan apoyo de los demás y que, a veces, las personas requerirán de su ayuda.

Tiene sentido que un estilo seguro de relacionarse generalmente resulte de una historia de interacciones cálidas y receptivas desde la infancia hasta la adultez. Estas personas creen que sus cónyuges les darán seguridad y apoyo, por lo que se sienten cómodas buscándolas en momentos de necesidad.

Si no creciste con modelos de apego saludables, ¡hay esperanza! Cuando recibimos interacciones seguras y declaramos vida sobre nosotros mismos o nuestras relaciones, estamos construyendo la aceptación y el apego que necesitamos como seres humanos. Buscar personas saludables y construir esas relaciones es un medio poderoso para un cambio saludable en tu estilo de apego. La familia de mi vecina cambió permanentemente el modo en que yo veía las relaciones saludables. Fui testigo de cómo trabajaban para edificarse mutuamente con palabras y acciones, pero también eran sinceras con sus pensamientos y emociones.

Jesús es la representación exacta de alguien con un estilo seguro de relacionarse. No tenía miedo a tomar decisiones difíciles en sus relaciones, incluso cuando eso significaba que el grupo social dominante no lo aceptara. No buscaba la aprobación de los hombres, pero tampoco trató de controlar a las personas, ni siquiera a aquellos con quienes era cercano. Eso sigue siendo cierto en su relación con nosotros ahora: nos permite tomar nuestras propias decisiones y caminar con libre albedrío.

Jesús nunca dudó de quién era ni para qué fue creado. ¿No suena eso pacífico y refrescante? Esta descripción es la identidad que Dios ha planeado para cada uno de nosotros (exploraremos esto más a fondo en los capítulos siguientes).

Debemos recordar que el dolor del rechazo está en el pasado. Podemos verlo como una oportunidad para ajustar nuestra mentalidad acerca de nosotros mismos, desafiar nuestras narrativas y cavar nuevas zanjas. Es importante tener compasión por nosotros mismos y darnos vida, e igualmente a las personas que nos rodean, con nuestros pensamientos, palabras y acciones.

EJERCICIOS DEL HÁBITO 6: CAVAR NUEVAS ZANJAS

1. Como la historia de mi amiga del barrio, piensa en alguien que parece sentirse cómodo consigo mismo. Alguien que parece creer lo mejor de sí mismo y de los demás. Sus características saludables podrían incluir atributos como:

   - Regula sus propias emociones.
   - Tiene relaciones de confianza en el largo plazo.
   - Establece habilidades de comunicación efectivas.
   - Comparte sus sentimientos de una manera saludable con otras personas.
   - No le molesta estar solo, pero también disfruta del apoyo social.
   - Reflexiona sobre sus interacciones en las relaciones.
   - Sus opiniones no son tan rígidas o débiles como para no poder ajustarse.

   ¿Cuáles de las declaraciones anteriores crees que te describen? Si puedes identificar áreas donde te gustaría mejorar, ¿qué declaraciones te gustaría incluir como metas de apego?

2. Identifiquemos algunos de tus desencadenantes negativos en las relaciones. Aquí tienes ejemplos de cosas que podrían ser desencadenantes en tu día:

   - Alguien que hace muchas preguntas.

- Personas que muestran mucho afecto en público.
- Gente que disfruta mucho del tiempo juntos, o del tiempo a solas.
- Alguien con un conjunto fuerte de valores y creencias.
- Conductores imprudentes o distraídos.

Piensa en un par de situaciones propias que te llevan a una espiral negativa. Escríbelas, incluyendo tus respuestas habituales a ellas. Después, decide cuál será tu nueva narrativa o respuesta saludable en el futuro y escríbela también.

Cuando declaramos vida sobre nosotros mismos o nuestras relaciones, estamos ayudando a construir la aceptación y el apego que necesitamos como seres humanos. Consulta nuevamente la lista de atributos de identidad segura del punto uno anterior. Marca las respuestas que te gustaría tener cuando ocurran desencadenantes negativos. No te preocupes si fallas; recuérdate lo que quieres que ocurra la próxima vez, ¡y vuelve a intentarlo!

HÁBITO 7: CÓMO LIDIAR CON TU PÉRDIDA

Mi tristeza y mis lágrimas son más de lo que puedo soportar. Me he entregado completamente por ti durante la oscura noche.

Cantar de los Cantares 5:2 (TPT), traducción libre

¿Alguna vez te has sentido completamente devastado por la tristeza, preguntándote: *¿Qué acaba de ocurrir?* La mayoría de nosotros hemos experimentado este tipo de giro inesperado. Muchas veces la vida simplemente no tiene sentido.

Un personaje en la Biblia se encontró en esta situación cuando perdió su hogar, su familia, su salud y sus posesiones en una rápida serie de eventos trágicos. Durante su temporada de duelo, literalmente se sentó sobre un montón de cenizas. La peor parte de esta historia es que no había hecho nada malo para provocar tal devastación. Es fácil preguntar por qué y pensar que una tragedia no está justificada cuando estás en medio de ella.

Este personaje bíblico, Job, estaba sentado sobre el montón de cenizas cuando un grupo de amigos llegó para consolarlo simplemente estando presentes. Ellos estaban practicando algo llamado *shiva*, una costumbre judía en la que, por siete días, familiares y amigos se reúnen en el hogar de alguien que ha sufrido una pérdida para lamentar y acompañarlo en su duelo.

Esta práctica antigua hace hincapié en la importancia de procesar la pérdida. Al final de los siete días, la familia que está de luto comienza a regresar a sus quehaceres normales, pero continúa de luto por varios meses más.

CÓMO LA *SHIVA* TE AYUDA A SANAR

Me resulta interesante que mientras una familia está en la *shiva*, los espejos en sus hogares se cubren para inspirar autorreflexión. Esta parte de la costumbre indica que es saludable ir hacia adentro de uno mismo y descubrir el dolor causado por la pérdida.

Los amigos y la familia extendida están animados y obligados a honrar el dolor que alguien está atravesando en este tiempo. Llegan y simplemente se sientan en silencio con la familia. De hecho, se les dice que no hablen hasta que la persona que está experimentando la pérdida interactúe con ellos primero.

Como consejera, sé que es difícil encontrar las palabras adecuadas para alguien que está de duelo. A menudo escuchamos comentarios poco útiles, como:

- "Tú puedes con esto".
- "Dios nunca te dará más de lo que puedes manejar".

- "Sé agradecido por las cosas que van bien".
- "Recuerda que eres un sobreviviente".
- "Hay personas que están mucho peor que tú".

Muchas personas bien intencionadas han añadido al dolor de otros con este tipo de condolencias. La tradición de la *shiva* es una solución perfecta para permitir que alguien reciba el consuelo ofrecido, pero en sus propios términos. De hecho, los amigos no hablan de la pérdida a menos que sea para bendecir la memoria de la persona que falleció. Esto resuelve el problema de saber qué decirle a alguien que está sufriendo. Yo he batallado con encontrar las palabras adecuadas en esta situación. ¿Acaso no parece más sencillo darle un abrazo a tu amigo y decirle que fuiste bendecido al conocer a la persona que ha perdido? Supongo que a la persona que está experimentando el dolor le gustaría escuchar esas palabras amables.

Todos podríamos aprender algo de la parte de autorreflexión de esta costumbre. Es un impulso normal querer evitar o esconderse del dolor y las pérdidas de la vida. He escuchado a personas que están de duelo por experiencias con sus matrimonios o familias decir: "Sería más sencillo y menos doloroso simplemente comenzar de nuevo". El único problema es que llevamos todas esas dificultades, heridas y traumas con nosotros al siguiente lugar o persona.

La única manera real de sanar es hacer lo que los judíos hacen con la *shiva*: sentarse, descubrir y experimentar el dolor y las heridas de la pérdida. Antes de huir del dolor del próximo gran problema en la vida, recuerda que la sanidad tiene lugar cuando te tomas el tiempo para enfrentar el dolor. Caminar deliberadamente por este difícil camino nos da la fortaleza para escalar lentamente hacia un lugar de sanidad.

VE MÁS ALLÁ DE LA SUPERFICIE

El duelo es una respuesta normal y natural a la pérdida. Nuestro cuerpo nos dice que las cosas han cambiado. Esperamos sentir duelo por la muerte de un familiar o amigo, pero muchas otras heridas significativas también pueden desencadenar una respuesta de duelo, como:

- El final de una relación
- La pérdida de un empleo o posición
- Una mudanza a una nueva comunidad
- Un desastre natural
- Una meta de vida que de repente se cierra para nosotros
- La muerte de una mascota
- Cuando alguien que nos importa se enferma o se lastima

Trabajar en tu duelo es una verdadera oportunidad para ser vulnerable, honesto y proactivo en tu sanidad. Cuando eres intencional acerca de entender y experimentar el dolor, puedes actuar desde un lugar de autenticidad emocional.

Cuando enfrentes tu próxima herida, haz el esfuerzo de ser sincero contigo mismo y, posiblemente, también con un par de buenos amigos. Trabaja duro para evitar que trates de encontrar sentido lógico a todo lo que ha sucedido, ya que el proceso de duelo es en gran parte un viaje emocional. El camino hacia la recuperación suele ser un proceso lento, así que ten paciencia contigo mismo durante tu viaje.

Digo a mis clientes que liberen un poco de tristeza cada vez. Es como dejar salir el aire de un globo. Podemos hacerlo lentamente o explotarlo con un objeto afilado. Ambas maneras al final liberarán todo el aire; sin embargo, una de estas opciones es más suave para nuestro sistema emocional y más saludable en el largo plazo. Para sanar verdaderamente de una pérdida, es esencial tomarnos nuestro tiempo y llegar deliberadamente al fondo de lo que estamos experimentando.

Una manera sencilla de verlo es comparándolo con la limpieza de juncos en un lago. ¿Has visto alguna vez esos juncos altos y delgados que suelen estar cerca de la orilla? Cuando éramos niños, nuestros padres nos pedían que los arrancáramos cuando bloqueaban el muelle. Intentábamos hacer trampa rompiéndolos, para que no se vieran en la superficie del agua, pero finalmente volvían a crecer. Si queríamos deshacernos de ellos en el largo plazo, teníamos que ir debajo de la superficie y arrancarlos de raíz.

En nuestro duelo, no podemos limitarnos a lidiar con lo que vemos. Necesitamos ir más allá de la superficie y trabajar para lamentar lo que nos ha herido (sí, es un *trabajo* y a veces duele llorar una pérdida). ¿Quién quiere realmente correr hacia esa meta cuando ya siente el impacto de la experiencia?

La pérdida nos une como seres humanos. El duelo es parte de la vida. Cuando has experimentado sufrimiento, es natural sentir una amplia gama de emociones. Los efectos del duelo pueden incluir sensaciones de entumecimiento y vacío. Algunos pueden sentir enojo y molestia por su dolor. En este caso, tu temperamento puede salir a la luz contra otros por no entender, o incluso contra ti mismo por no superarlo lo suficientemente rápido. A menudo, tememos que el proceso de duelo nunca terminará.

Las siguientes son algunas otras cosas que podrías experimentar después de una pérdida en tu vida:

- Falta de energía
- Dolores de cabeza
- Episodios de llanto
- Hiperactividad
- Dormir muy poco o demasiado
- Comer muy poco o demasiado
- Distracción constante
- Fortalecimiento o cuestionamiento de la fe

CÓMO PROCESAR TU PÉRDIDA

Llorar, o lamentar una pérdida, es esencial porque nos permite liberar una parte diminuta de la emoción conectada con la persona, objeto o experiencia perdida. De hecho, sin los pasos involucrados en el proceso de duelo, una parte de nosotros permanece atada al pasado. Esta acción no significa olvidar, y tampoco significa ser consumido por nuestra tristeza. Es un duelo saludable que nos permite dar sentido a nuestro dolor lo mejor que podamos.

Cuando mi esposo tenía solo treinta y ocho años le diagnosticaron cáncer en etapa cuatro. Teníamos tres hijos pequeños, y su enfermedad rápidamente se volvió una realidad muy dura. Una de las grandes verdades que enfrenté fue: *¿Estaré criando a nuestros hijos sola?* Esta situación me hizo caminar por la realidad del "en la salud y en la enfermedad" muy temprano en nuestro matrimonio. Fueron un par de años horribles y agotadores. Fue terrible para Neal estar tan enfermo, pero también fue desgarrador para mí estar afuera de esa temporada con él, incapaz de ayudar físicamente. Por supuesto, oraba e incluso a veces le gritaba a Dios. Incluso en esos gritos, lloraba. En ese momento, ni siquiera comprendía la importancia de este paso.

Al final no pude hacer nada más que caminar con él a través del dolor y confiar en Dios para el resultado. Fue un consuelo saber que no estaba sola. Mientras he visto a muchos de nuestros amigos perder esta misma batalla, estoy muy agradecida de que Neal se recuperó. A veces nuestros esfuerzos consisten en estar sentados con quienes están de duelo, y a veces lo atravesamos nosotros mismos. En cualquiera de los casos, el duelo debe ser experimentado y procesado.

SÉ AMABLE CONTIGO MISMO

No hay una manera correcta de hacer duelo ni una solución rápida para enfrentar y entender nuestras pérdidas. Aunque no hay atajos, hay trampas que podemos evitar para disminuir el estrés y la incomodidad. Comienza aprendiendo a ser paciente y elimina cualquier juicio hacia ti mismo.

No puedo enfatizar demasiado la importancia de ser sincero acerca de los sentimientos que tienes acerca del dolor en tu vida. En los siguientes capítulos compartiré contigo una vez en que manejé esto bien, y otra en que lo manejé muy mal. Estaba furiosa con Dios y grité sobre cuán injustamente me sentía tratada. En realidad no estaba enojada con Dios, pero sí estaba sinceramente molesta porque las cosas no estaban saliendo como yo las había planeado. Y estaba muy asustada por los siguientes capítulos de mi vida.

Cuando la vida no sigue nuestro plan perfecto, nuestra necesidad de llorar a menudo se ve eclipsada por otros sentimientos que pueden dificultar comprender nuestra necesidad de darnos un poco de espacio para una tristeza saludable. Si tienes dificultades para abrir esta puerta emocional o el proceso parece demasiado aterrador en este momento, considera buscar la ayuda de un consejero local.

A menudo pido a las personas que comiencen el proceso de atravesar una pérdida dedicando tiempo a nombrar las emociones que están experimentando. Esta actividad puede ser fácil o difícil, dependiendo de tu vocabulario emocional. Muchos de nosotros trabajamos arduamente para adormecer o suprimir nuestras emociones. Una lista de sentimientos podría ayudarte a identificar los tuyos. Puedes encontrar una lista en el internet buscando frases como "lista de sentimientos" o "nombres de emociones".

A veces puede parecer demasiado difícil o aterrador abordar la profundidad de tu pérdida, pero no te saltes este paso crucial. Tomar el tiempo para comprender y describir tus sentimientos es la primera fase para avanzar en tu experiencia hacia la sanidad.

Después, pasa algún tiempo pensando en estas preguntas:

- ¿Quién o qué te emociona en este momento: la situación en la que te encuentras o una persona real?
- Si estás molesto contigo mismo o con otra persona, ¿puedes nombrar lo que sientes?

- Si te sientes entumecido, ¿dónde estás experimentando tristeza en tu cuerpo? Tal vez sea en tu cabeza, tu pecho o tu estómago. Intenta estar tranquilo y entender si podrías estar sintiendo tristeza.

Ahora que tenemos una idea de lo que está sucediendo en tu interior, es momento de arriesgarte a experimentar la incomodidad de la pérdida. Puede que estés gritando *no*, pero recuerda lo que hablamos anteriormente. La salida de este dolor es darte permiso a ti mismo para sentir, sin condena, lo que tal vez has estado reprimiendo por mucho tiempo.

Durante este viaje, podrías decirte a ti mismo: *Parece que lo único que hago es experimentar este dolor.* Estamos abordando eso ahora. Créelo o no, al observar tu tristeza en su totalidad, al permitirte experimentarla completamente, sueltas su control sobre ti.

El modo en que nos sentimos después de una pérdida es diferente para cada persona. No existe una fórmula mágica. Sin embargo, pido a las personas que dediquen un poco de tiempo cada día a recordar su dolor mientras trabajan en el duelo. Es crucial que te des permiso a ti mismo para estar triste.

Sin embargo, igualmente importante, después de haberte permitido experimentar los sentimientos asociados con tu pérdida, es esencial que no te quedes en ese lugar. El duelo activo y saludable requiere balance. Logras esto al igualar el tiempo que dedicas directamente a trabajar en tus heridas con el tiempo que dedicas a lidiar con tu vida diaria. Date espacio a ti mismo para llorar, gritar o lo que sea necesario, pero después de un tiempo establecido, diles a esas emociones que te encuentren al día siguiente para que puedas avanzar, crecer y aprender de tu viaje.

Por ejemplo, programa una alarma que suene a las cinco de la tarde cada día. A esa hora, establece un temporizador por treinta minutos. Durante esa media hora, repasa tus recuerdos y la tristeza que rodea tu duelo. Permítelo suceder. Si sientes que se escapa de tu control, haz que una persona de confianza esté contigo, o programa esto de manera regular con un consejero. Cuando el temporizador suene, diles a esas emociones que regresarás a ellas mañana. Si surgen durante el día, recuérdales que no las has olvidado y que les atenderás a las cinco de la tarde. Haz lo mismo al día siguiente y continúa hasta que sientas que la tristeza o el dolor comienzan a disminuir.

REENFOCAR EL EVENTO

A veces, nuestro duelo es fácil de identificar, como cuando hemos perdido a un amigo o a un miembro de la familia. Otras veces es más difícil de entender. Puede ser complicado captar la profundidad de la traición de una pareja o un desplazamiento laboral inesperado. En esos casos, puede que necesitemos dedicar tiempo a buscar comprensión y tal vez incluso a reenfocar nuestro dolor. En otras palabras, necesitamos intentar de algún modo darle sentido emocional a lo que acaba de ocurrir en nuestras vidas.

Cuando comprendes cómo te sientes con respecto a una situación disruptiva, el siguiente paso será descubrir la necesidad de posiblemente reenfocar el evento. Esto te permitirá desarrollar una comprensión de lo que sucedió para poder superarlo. Reenfocar es lo que ocurre cuando te preguntas qué aprendiste de la experiencia: sobre ti mismo, sobre los demás o sobre la circunstancia.

Por ejemplo, si acabara de ser despedida de un trabajo, posiblemente estaría enojada conmigo misma y con mi antiguo jefe. Sería útil tomar ese momento para evaluar honestamente las condiciones alrededor de la situación. Por ejemplo, me preguntaría:

- *¿Realmente disfruté ese trabajo?*
- *¿Tenía las habilidades necesarias para el puesto?*
- *¿Tenía claro mi entendimiento del trabajo? ¿Comprendía verdaderamente lo que mi empleador esperaba de mí?*

Reenfocar las circunstancias consiste en tomar acciones que incorporen lo que has aprendido para avanzar hacia el mejor resultado.

Cuando reenfocas un evento doloroso como el mencionado arriba, toma tiempo para pensar y escribir en un diario tus respuestas mientras te haces las siguientes preguntas:

- *¿Cómo puedo usar este evento para ayudar a guiar mi futuro?*
- *¿Necesito más capacitación? ¿En qué áreas?*
- *¿Estoy mejor adaptado a tipos específicos de empleadores o jefes?*

ATAR CABOS SUELTOS

Después de haber intentado poner nombre a algunos de tus sentimientos, haber tomado tiempo para experimentarlos cuando sea necesario y posiblemente haber reenfocado lo que realmente sucedió, ¿entonces, qué? El siguiente paso en la sanidad es atar cualquier cabo suelto.

¿Hay algo que necesites hacer o decir para seguir adelante? ¿Necesitas perdonarte a ti mismo o a alguien más? ¿Necesitas hacer las paces? Muchas personas dedican tiempo a perdonar y dejar ir el pasado durante esta etapa. Toma tiempo para escribir los pasos de acción que podrías querer tomar para completar tu proceso de restauración.

El duelo a menudo se describe como el proceso de sanar de las heridas. En un mundo perfecto, las lesiones sanan completamente con el tiempo; sin embargo, hay momentos en los que se necesita nuestra cooperación activa. Orar, recibir consuelo y hablar con amigos y con Dios sobre tu pérdida son formas de atender tu duelo.

Al final, Dios actuará como un Padre compasivo consolando nuestro dolor: *Él enjugará toda lágrima de los ojos. Ya no habrá muerte ni llanto, tampoco lamento ni dolor, porque las primeras cosas han dejado de existir* (Apocalipsis 21:4, NVI). Hasta entonces, Él nos llama a acercarnos a Él con lo que está en nuestros corazones, como se ve en 1 Pedro 5:7 (NVI): *Depositen en él toda ansiedad, porque él cuida de ustedes.* El proceso de duelo no hace que la situación desaparezca o que el dolor abandone nuestras vidas, pero puede ayudar a sanar los sentimientos conectados a esas pérdidas. De hecho, nuestra recuperación del duelo puede ayudarnos a crear un mundo más grande y saludable alrededor de la lesión o la herida.

¿Cómo se ve crear un mundo más saludable? Algunas personas han dicho que pienses en tu dolor como el hueso de un durazno. La situación que te causó dolor es el hueso. Tu recuperación del duelo o los sentimientos reparados son la fruta que crece alrededor del hueso. Esas heridas reparadas o sanadas son nuestra nueva manera de ver el mundo. A medida que sanamos, entendemos que el dolor y el sufrimiento siguen siendo parte de nosotros, pero no nos consumen. Nuestra recuperación puede ayudarnos a convertirnos en alguien más saludable, mejor preparado para enfrentar pérdidas en el futuro, y para consolar a otros que están luchando.

Inmediatamente después de tu pérdida, sientes que casi consume tu vida. Tendrás muchas "primeras cosas" y altibajos a medida que pase el tiempo; sin embargo, pronto podrías comenzar a reconectar con tu familia y tus amigos, y tener momentos en los que te sientas alegre y feliz nuevamente. A medida que estas experiencias positivas se acumulan, tu duelo sigue siendo parte de ti, pero ya no domina tus pensamientos y emociones diarias. Tu vida ha crecido alrededor del dolor, haciendo que el hueso sea más pequeño y menos significativo, pero sigue siendo una parte de ti.

Los ejercicios siguientes te ayudarán a dominar y obtener experiencias positivas en torno a tu duelo. A medida que trabajes en algunas de estas actividades, comenzarás a entender la frase *reconciliarte con tu duelo*. Aprendemos a comprender nuestro duelo y, al mismo tiempo, somos cambiados por él para siempre.

EJERCICIOS DEL HÁBITO 7: CRECER MEDIANTE EL DUELO

1. Esta es una lista de recordatorios que a otros les han resultado útiles para desarrollar un plan de autocuidado durante su proceso de duelo. Recuerda tratarte con la misma empatía, tolerancia y afecto que le mostrarías a un amigo valioso en una situación similar.
    - Tómate el tiempo que necesites para sanar.
    - Presta atención a tus patrones y rutinas de alimentación, sueño y ejercicio.
    - Busca un consejero, grupo de apoyo o un amigo confiable que te ayude en los momentos difíciles.
    - Evita aceptar nuevas responsabilidades o tomar decisiones importantes por un tiempo.
    - Busca momentos para reír y disfrutar durante tu proceso de sanidad.
    - Dedica tiempo diariamente para recordar o sentir tu pérdida. A medida que pase el tiempo, este periodo de recuerdo puede evolucionar a un intervalo mensual.
    - Pasa tiempo en meditación y oración.
    - Obsérvate para detectar signos de tristeza excesiva o desesperanza.
2. Todos podemos luchar con la adaptación y la pérdida cuando nos ocurre. Es necesario mirar dentro de nosotros mismos durante estas temporadas de duelo y

hacernos preguntas difíciles. Considera las siguientes declaraciones como ejemplos, y escribe cualquier pensamiento o remordimiento que puedas sentir:

- *Ojalá hubiera intentado más.*
- *Ojalá pudiera retirar esas palabras.*
- *Ojalá pudiera decir que lo siento.*
- *Ojalá pudiera olvidar que eso sucedió.*
- *Ojalá hubiera aprovechado el tiempo cuando pude.*

Nuestros remordimientos y errores no son la historia completa. Al replantear el evento, debemos recordarnos qué está bajo nuestro control y qué no lo está. Trátate a ti mismo con gracia y compasión. Por ejemplo, podrías recordarte que:

- *Hice lo mejor que pude.*
- *Era joven y no sabía lo que sé ahora.*
- *Pedí perdón, y no soy responsable del resto.*
- *Con la ayuda de Dios, mi memoria estará libre del temor.*
- *Los cuidé con los recursos que tenía en ese momento.*

3. Hazte las siguientes preguntas y recuerda escribir tus respuestas. No edites tus pensamientos. Indaga profundamente y sé sincero contigo mismo. Tus respuestas podrían cambiar la historia que se repite en tu memoria.

   - *Si fuera otra persona la que siente arrepentimiento y pérdida, ¿qué le diría?*
   - *¿Cuáles son las dos o tres cosas que necesito recordarme todos los días para seguir avanzando en mi sanidad?*

- *¿Qué personas y situaciones deben formar parte del plan de sanidad y restauración hacia mi mente sana y feliz?*

Recuerda tu promesa de Apocalipsis 21:4.

4. La psicología y la investigación nos han dicho que los recuerdos son una parte permanente de quiénes somos.[1] Esto es excelente si tus recuerdos son buenos, pero difícil si no lo son. Cuando enfrentamos heridas, los recordatorios del dolor pueden ser a veces insoportables. Aunque no es posible borrar los recuerdos de tu mente, hay estrategias para cambiar cómo te hace sentir un recuerdo. La manera más sencilla de hacer esto es asociar cosas buenas con impresiones negativas. El objetivo es hacer que esos recuerdos dolorosos sean menos agonizantes a través de asociaciones positivas. Las nuevas experiencias emocionales comenzarán a cambiar cómo te hacen sentir esos desencadenantes.

   Por ejemplo, haz algo que te haga feliz mientras piensas en un mal recuerdo. Digamos que tengo un recuerdo donde se dijeron palabras hirientes sobre mí. En el momento en que me siento triste, podría salir a correr, llamar a un amigo, tomar un baño de burbujas o escuchar música agradable. Este intercambio me permitirá comenzar a asociar sentimientos positivos con los negativos. La próxima vez que tenga un desencadenante de esas palabras hirientes, mi cerebro recordará tanto lo bueno como lo malo. Con el tiempo, mis nuevos recuerdos reducirán el dolor del evento y de los malos recuerdos.

Aunque este concepto podría ser fácil de entender, puede ser un poco más difícil de poner en práctica. Si te quedas atascado en algún punto del camino, por favor busca a un amigo o a un profesional para obtener orientación y apoyo.

HÁBITO 8: ACCEDER A LA ALEGRÍA EN TUS RELACIONES

Que el Dios de la esperanza los llene de toda alegría y paz a ustedes que creen en él, para que rebosen de esperanza por el poder del Espíritu Santo.
Romanos 15:13 (NVI)

En ocasiones, cuando nos sentimos desafiados por los problemas de la vida, podemos pensar que sería más fácil abandonar y permanecer enojados con el mundo. La alegría es una emoción poderosa y esencial que desempeña un papel significativo para moldear nuestras vidas y para nuestro bienestar general. Puede levantarnos el ánimo, mejorar nuestra salud mental y aumentar nuestra calidad de vida en general.

Nehemías 8:10 (NVI) nos dice: *El gozo del Señor es su fortaleza*. Es importante entender lo que estaba sucediendo en la época de Nehemías cuando él dijo estas palabras. Los israelitas acababan de regresar a Jerusalén del exilio. Estaban escuchando la lectura de la Torá en el templo. Mientras escuchaban, se sintieron abrumados por la condenación y comenzaron a llorar porque sentían que habían defraudado a Dios.

Nehemías 8:10-11 dice:

> *«Vayan y festejen con un banquete de deliciosos alimentos y bebidas dulces, y regalen porciones de comida a los que no tienen nada preparado. Este es un día sagrado delante de nuestro Señor. ¡No se desalienten ni entristezcan, porque el gozo del Señor es su fuerza!». También los levitas clamaban al pueblo y decían: «¡Cállense! ¡No lloren! Pues este es un día sagrado».*

Entonces el pueblo se fue a comer y beber en un banquete festivo, a compartir regalos de comida y a celebrar con gran alegría porque habían escuchado las palabras de Dios y las habían entendido. En lugar de insistir en aumentar la vergüenza de este grupo abatido, Nehemías les dijo que fueran a celebrar juntos con una comida. ¡Cuán asombroso es eso!

Sin embargo, el gozo, en su significado espiritual más profundo de expresar la bondad de Dios implica mucho más que alegría y felicidad con amigos. Este tipo de gozo es una felicidad profundamente arraigada que proviene de estar rodeado y consumido por Él. ¿Qué significa tener este tipo de gozo?

Si eres como yo, puede que hayas tenido momentos en los que batallaste para encontrar ese lugar de gozo en tu vida y te preguntaste:

- *¿Qué me está pasando realmente cuando no puedo sentirme feliz?*
- *¿Por qué no puedo salir de este bache?*
- *¿Por qué todo parece tan difícil?*

¿Eres consciente de que tu falta de gozo también puede hacer que estés menos dispuesto a estar cerca de las personas? La mayoría de nosotros no queremos estar con otros cuando no sentimos alegría. Tiene todo el sentido. Eso hace que las acciones de Nehemías sean todavía más intrigantes.

La investigación nos dice que cuando nuestras vías relacionales o centros de gozo están funcionando, es más probable que queramos interactuar con las personas: queremos conectar. Estamos presentes relacionalmente en nuestras amistades.[1]

Como un centro de control emocional, nuestro cerebro puede estar conectado o desconectado dependiendo de lo que esté sucediendo con nuestras emociones en ese momento. Sentir alegría nos activa varias áreas del cerebro (incluyendo la corteza frontal derecha, el precúneo, la amígdala izquierda y la ínsula izquierda). Cuando experimentamos sentimientos de gozo, estas áreas se conectan y se activan. Al sentir alegría, naturalmente nos sentimos cercanos a otros en nuestras vidas. Lo opuesto también ocurre cuando nuestras reacciones adversas toman el control.

Por ejemplo, si alguien te corta el paso en el tráfico o tu hijo te responde mal por quinta vez en una hora, podrías enojarte y decir cosas que no quieres decir. En ese momento no estás ni alegre ni conectado con las personas frente a ti. Cuando nuestras reacciones adversas toman el control, podemos perder flexibilidad al intentar entender nuestras circunstancias. No somos capaces de ponernos en los zapatos de otra persona y no es fácil ver las cosas desde su perspectiva.

La parte relacional de nuestro cerebro está desconectada.

¿Es posible que esto fuera lo que les estaba pasando a los israelitas en la historia de Nehemías? Habían estado en el exilio. Habían estado alejados de Dios y se sentían desconectados. Como resultado, eso les causaba una gran tristeza. Como remedio para su tristeza, se les dijo que cenaran juntos.

Este acto de comunidad ayudaría a activar sus vías relacionales. Uno de los resultados de esta interacción es la mejora del sentimiento de conexión entre ellos y con Dios. Esta acción tenía la promesa beneficiosa de producirles gozo y fortaleza.

Tanto nuestro cerebro como el libro de Nehemías nos dicen que si aprendemos a permanecer relacionales, podemos aumentar la probabilidad de vivir nuestro día con gozo. ¡Cuán asombroso es eso!

Cuando estamos ante confrontaciones con el jefe, un amigo o el cónyuge, ser intencionales en mantenernos conectados con las personas aumentará nuestro factor de gozo. En este estado emocional, somos más conscientes de nosotros mismos. Decimos y hacemos cosas que están alineadas con quienes fuimos creados para ser. En última instancia, somos una mejor versión de nosotros mismos.

Cuando entendemos cómo el ser relacional y el gozo están conectados, entonces podemos apreciar que la capacidad de sentir y mostrar gozo no proviene de las circunstancias buenas o malas de nuestras vidas; proviene de nuestra confianza en Dios o nuestra relación cercana con Él. El gozo se asienta en nosotros cuando lo conocemos en nuestro corazón, no solo en nuestra mente. La Escritura nos dice que no podemos perder el gozo más de lo que podemos perder a Dios (ver Juan 16:22). Se nos dice que el gozo es un don espiritual, y podemos tenerlo para siempre si confiamos en Él. Romanos 15:13 (NVI) describe el gozo como un don que viene con la confianza: *Que el Dios de la esperanza los llene de toda alegría y paz a ustedes que creen en él.*

CÓMO ACCEDER AL GOZO CONTINUO

La historia de Rut y Noemí demuestra la importancia de saber que podemos acceder al gozo continuo si elegimos confiar en Dios en medio de nuestras circunstancias.

Para quienes no han leído esta historia, aquí tienen un resumen. Rut es la nuera de Noemí. Noemí, su esposo y sus dos hijos deciden mudarse a Moab debido a una hambruna en su ciudad natal de Belén. Mientras están allí, el esposo de Noemí muere trágicamente. Los hijos se casan con mujeres locales, y aproximadamente diez años después ambos hijos también fallecen. Como era la costumbre, las nueras permanecieron con Noemí hasta que ella decidió regresar a su hogar en Belén. En ese momento Noemí les dice que regresen a las casas de sus padres, en Moab, para que puedan tener la posibilidad de casarse nuevamente; sin embargo, Rut, una de las nueras, elige ir a Belén con Noemí. Le dice con determinación: *Iré a donde tú vayas [...]. Tu pueblo será mi pueblo y tu Dios, mi Dios* (Rut 1:16, NVI).

Cuando Noemí y Rut llegan a Belén, las mujeres locales la reconocen y la llaman por su nombre. Noemí responde a sus saludos diciéndoles que la llamen Mara en lugar de Noemí. El nombre *Mara* significa "amargura". Supongo que tú y yo sentiríamos lo mismo. Si estas mujeres realmente la llamaron Mara o no, es algo que no se sabe.

¿Por qué es importante el significado del nombre? Al igual que cada uno de nosotros, su nombre era su identidad. Su nombre de nacimiento, *Noemí*, significa "agradable, dulce, encantadora, hermosa".[2] En griego, la palabra para gozo es *chara*. Los nombres *Noemí* y *chara* tienen significados similares. Ambos denotan un sentimiento de alegría interna, deleite o regocijo. Noemí estaba destinada a ser una persona que llevara gozo; sin embargo, las cosas que estaban sucediendo en ese momento no parecían alinearse con esa promesa. Es una historia poderosa que te animo a leer si no lo has hecho. La confianza y disposición de Rut para permanecer en una relación con su suegra y también con Dios le llevaron a tener un gran éxito en el amor y en la vida.

La felicidad puede eludirnos si se basa en las circunstancias o en nuestros eventos actuales. De hecho, a veces no estoy emocionada por lo que sucede en mi vida diaria; sin embargo, el verdadero gozo siempre está a nuestro alcance, pase lo que pase. Todos tenemos el poder de pedir alegría divina, independientemente de cuáles sean nuestras situaciones.

PASOS PARA MANTENER EL GOZO

Veamos un par de maneras de permanecer en ese lugar de gozo en nuestra vida diaria.

1. PIDE EN EL NOMBRE DE JESÚS

Juan 16:24 (TPT) nos dice:

> *Hasta ahora no han sido lo suficientemente valientes para pedirle algo al Padre en mi nombre, pero ahora pueden pedirle, ¡y seguir pidiendo! Y pueden estar seguros de que recibirán lo que pidan, ¡y su gozo no tendrá límites!*
>
> (traducción libre)

Jesús dice que cuando pides algo en su nombre, de alguna manera tu oración será respondida. Cuando esta acción se toma desde un lugar de dependencia de Dios, recibirás una respuesta.

Dejemos claro que pedir un millón de dólares en tu cuenta bancaria no es lo que este versículo está diciendo. El enfoque está en orar y creer a Dios, lo cual incluye confiar y, a veces, esperar a que Él sane emociones, restaure relaciones o provea cosas esenciales que te producirán paz y gozo.

Lo que dice este versículo es importante para nuestro nivel de gozo.

Si continúas sembrando en tu relación con Dios, tienes la promesa de que tu gozo no tendrá límites. La oración (hablar con Dios) y la meditación (escuchar a Dios) ayudan a tu cerebro a mantenerse en modo relacional. Dedica tiempo a pedirle a Dios que sustituya las cosas que te impiden sentir libertad en tu gozo.

¿Necesitas un nuevo empleo?

¿Necesitas mejorar una relación dañada?

¿Necesitas un nuevo comienzo?

Trabaja en encontrar maneras de comunicarte con Dios que te ayuden a notar y disfrutar más de su presencia diaria.

2. ENCUENTRA HUMOR EN TODAS LAS COSAS

Puede sonar extraño, pero otra manera de aumentar tu gozo es buscar maneras de mejorar tu sentido del humor y apreciar a las personas en tu mundo. Esta tarea puede parecer demasiado simple, pero examinemos la evidencia.

Isha Gupta, una neuróloga de *IGEA Brain and Spine*, nos dice que una sonrisa provoca una reacción química en el cerebro liberando ciertas hormonas, incluyendo dopamina y serotonina.[3] La dopamina aumenta nuestras sensaciones de felicidad. La serotonina es la hormona asociada con la reducción del estrés.

En un estudio, se pidió a los pacientes que vieran o leyeran materiales que los hicieran sonreír o les trajeran felicidad de alguna manera. Esta investigación encontró pruebas concluyentes de que un buen sentido del humor puede ayudar a las personas a recuperarse genuinamente de enfermedades y de la depresión.[4]

El gozo produce químicos en nuestro cuerpo que pueden apoyar nuestro sistema inmunológico, lo cual puede desencadenar sanidad emocional y también física. El acto de reír tiene otros beneficios en el largo plazo.[5] Puede aliviar la incomodidad causando que el cuerpo produzca sus propios analgésicos naturales. La Biblia confirma esto en Proverbios 17:22: *El corazón alegre es una buena medicina.*

Un buen sentido del humor puede aliviar la presión enseñando a tu cuerpo a relajarse. Cuando se trata de tensión, tanto la risa como la sonrisa pueden disminuir tus respuestas de ansiedad. Si eres una de muchas personas que necesitan más risas en tu vida, prueba un par de las siguientes cosas.

- Busca algunas fotografías o videos que te hagan reír y colócalos en un lugar donde puedas verlos regularmente.
- Aprende un par de chistes para compartir con un amigo o compañero de trabajo. Asegúrate de que tus chistes no sean ofensivos.

- Recuerda con amigos o familiares momentos de tu infancia que fueron divertidos y rían juntos.
- Aprende a reírte de las cosas chistosas que hiciste. Por ejemplo, ¿alguna vez pusiste sal en lugar de azúcar en tus cereales? ¿O te cepillaste los dientes con algo que no sea pasta de dientes, como crema para bebés? (Está bien, ahora puedes reírte de mí porque yo lo he hecho. ¡Sí, sabía realmente muy mal!)

3. AYUDA A SOSTENER LA ALEGRÍA EN EL CEREBRO MEDIANTE LA CREACIÓN DE EXPERIENCIAS POSITIVAS

Cuando nos encontramos con personas que están felices de vernos o cuando experimentamos la satisfacción de crear algo hermoso, estamos generando experiencias positivas que condicionan nuestro cerebro a sostener el gozo. Con estos sencillos actos, reducimos los sentimientos y pensamientos ansiosos en la parte ruidosa del cerebro.

DECIDE QUIÉN TIENE REALMENTE EL CONTROL

Jorge acudió a verme para hablar sobre su esposa. Ella estaba teniendo problemas con su matrimonio y quería terminar la relación. Según él, ya habían pasado por mucho juntos. Habían vivido grandes momentos, con trabajos fenomenales, el nacimiento de sus hijos y la construcción de nuevas casas; y también hubo momentos difíciles, como la pérdida temprana de seres queridos y el sufrimiento bajo la presión de las adicciones. Dijo que habían luchado por ser una pareja saludable desde el comienzo de su matrimonio, pero no lograban conectar; sin embargo, este movimiento drástico de su esposa lo tomó por sorpresa. Durante meses, intentó de todo para llevarla de regreso a casa. Cubrió toda la gama, como pedir, amenazar, culpar y finalmente manipular. Nada de eso cambió su decisión, y él se sentía miserable y deprimido.

Sin más opciones, decidió apoyarse en Dios en busca de ayuda. Eso también ha sido mi última opción a veces, pero recomendaría acudir a Él mucho antes en tu dolor. Jorge comenzó a pasar tiempo caminando y hablando con Dios. Su situación no cambió en los meses siguientes, pero él sí. Se volvió tranquilo en medio del desorden y el caos. Se apoyó en el Señor para obtener fortaleza y caminó en verdadera paz, amor y *gozo completo*. Si lo hubieras conocido, nunca habrías adivinado el estrés diario que estaba experimentando. Había renunciado a su hipercontrol y estaba contento con ser amado y apoyado en el proceso.

Lo que hizo Jorge requirió valentía y disciplina. Cuando dejamos de intentar controlar nuestras vidas y permitimos que Dios actúe en nuestro lugar, miraremos las circunstancias problemáticas de manera diferente. Nada destruye el gozo más rápidamente que intentar hacer que sucedan cosas *por* Dios. Sé que esto puede ser una batalla para muchos de nosotros. Si te falta esa confianza, pídele a Él que te ayude a confiar más. Recuerda que ser más relacional con Dios y con los demás aumentará tu gozo y tu paz.

En nuestra historia en el Cantar de los Cantares, el Rey está profundamente enamorado de su novia y ella está aprendiendo a depender de Él y a confiar en Él. Las doncellas de Jerusalén le dicen:

¿Qué amor es este? ¿Cómo puedes seguir sintiendo tanto por él? ¿No hay otro que pueda robar tu corazón? Ahora vemos tu belleza, más hermosa que todas las demás. ¿Qué hace que tu amado sea mejor que cualquier otro?

(Cantar de los Cantares 5:9, TPT, traducción libre)

En este punto, sus amigas intentan entender cómo ella llegó a estar tan enamorada, tan esperanzada y tan llena de gozo. No pueden comprender cómo, con todos los altibajos de este romance, puede amar tan profundamente a su novio.

Al igual que Jorge, la novia sulamita había atravesado un tiempo de pruebas; sin embargo, su fe y confianza en alguien que sus amigas no podían ver habían crecido en lugar de tambalearse. Sus amigas, que vieron desarrollarse su historia de amor, quedaron fascinadas por su dedicación y fortaleza en los momentos altos y bajos. De la misma manera me impresionó Jorge.

Mi propio camino hacia el gozo fue similar. Tuve que caminar hacia la confianza nuevamente. Incluso cuando no tenía sentido para mi mente, mi espíritu y mis emociones deseaban sentir felicidad y satisfacción otra vez. Hubo momentos en los que me involucré intencionalmente en actividades en mi búsqueda de gozo. Recuerdo organizar una pequeña fiesta en nuestra casa después de un partido de fútbol de uno de los niños. Sorprendió a todos cuando me ofrecí, pero fue maravilloso para mi mente y mis emociones. En otra ocasión, los niños y yo nos sentamos para hablar seriamente sobre las fiestas. Uno de los niños contó un chiste, luego alguien se rio, y pronto todos estábamos sonriendo en un momento que podría haber sido muy sombrío.

También tuve que establecer límites alrededor de mis pensamientos; no permití que se establecieran automáticamente. De modo deliberado cambiaba de enfoque cuando comenzaba a recordar heridas o traiciones. Me aseguré de estar preparada con pensamientos y escrituras de reemplazo que me producían gozo.

El gozo es un aspecto fundamental de la experiencia humana que enriquece nuestras vidas de innumerables maneras. No es solo una emoción pasajera, sino un estado profundo que tiene el potencial de transformar nuestras vidas y el mundo que nos rodea.

EJERCICIOS DEL HÁBITO 8: ALEGRÍA INTENCIONAL

1. A fin de tener relaciones estupendas, tenemos que quererlas, planearlas y, a veces, trabajar por ellas. Tener buenos compañeros y amigos puede amortiguar o disminuir nuestras respuestas al estrés, lo que probablemente es una de las razones por las que las relaciones positivas son tan buenas para nuestra salud. Prueba estos ejercicios para ayudar a reenfocar tus emociones, mantenerte en una relación y sostener el gozo.

    - Escribe las cinco maneras principales en que sabes que estás en modo relacional. ¿Cómo se siente o se ve eso para ti? ¿Te sientes un poco más ligero, sonríes más, quieres estar con gente? Tal vez incluso desees enviar esos mensajes de texto con todos los emoticonos de corazones. Esos son los días en que prefieres programar un café con un amigo en lugar de apagar el teléfono.
    - A continuación, haz una lista de cinco actividades que afecten positivamente tu deseo de ser relacional. A menudo, es tiempo que empleamos en hacer cosas que disfrutamos. Por ejemplo, ¿te gusta tomar un baño de burbujas, caminar por la playa, leer un buen libro o ver una película? Aparta tiempo para practicar al menos una de estas actividades todos los días. Necesitamos recordar que estos son nuestros objetivos si la alegría es nuestra meta final.

- Ahora haz una lista de los cinco desencadenantes principales que te hacen alejarte de ser relacional. Algunas cosas pueden incluir pelear con alguien, estar demasiado cansado o incluso tener hambre.
- Luego, planifica lo que harás cuando ocurra una de esas cosas (no "*si* ocurre"). ¿Cómo evitarás alejarte de las personas? Escribe estas acciones y pégalas en algún lugar, o si eres realmente valiente, compártelas con un amigo. Lo más importante es practicarlas tan a menudo como puedas.

2. Para ayudar a tu cerebro a liberar más dopamina, enumera diez cosas que te hacen sonreír. Sé creativo. Tal vez solo hacer que las personas se rían con una cara graciosa te funcione. Practica al menos una de estas cosas todos los días y haz un seguimiento de tu estado de ánimo. ¿Te sientes más ligero y tal vez un poco más alegre?

   Proverbios 15:15 lo dice bien: *Para el abatido, cada día acarrea dificultades; para el de corazón feliz, la vida es un banquete continuo.*

3. Piensa en algunas personas en tu vida que sabes que son muy alegres. ¿Son también relacionales?

   ¿Qué cosas crees que hacen para llegar a esa posición en la vida? ¿Son más intencionales acerca de conectar con los demás? ¿Muestran aprecio por la vida? ¿Toman tiempo para calmar sus mentes, emociones y espíritus? Si no estás seguro, considera enviarles un mensaje de texto y preguntarles.

Si no estás sintiendo todo el gozo que deseas en tu vida, trata de practicar algunas de las cosas que admiras en las personas alegres que has identificado. Observa si cambia el modo en que conectas con los demás y con Dios.

HÁBITO 9: ¿A QUIÉN ESTÁS ESCUCHANDO?

Confía en el Señor con todo tu corazón; no dependas de tu propio entendimiento. Busca su voluntad en todo lo que hagas, y él te mostrará cuál camino tomar.
Proverbios 3:5-6

Estos versículos ofrecen mucha dirección en cuanto a responder a la gran pregunta... ¿a quién deberíamos escuchar en nuestras vidas? Captan una de las instrucciones más cruciales sobre la paz interior y el amor: cualquier individuo que quiera tener éxito en la vida debería incluir a Dios y confiar en Él. No se nos dice que escuchemos y nos dejemos llevar por la presión de los compañeros, las personas en las redes sociales, los medios de comunicación o las últimas tendencias, sino que confiemos en Dios y dependamos de sus pensamientos. ¡Eso sí es hablar de algo directo, sencillo y claro!

Por lo tanto, ¿a quién estás escuchando?

Mientras trabajamos para entender nuestro verdadero ser, esta es una pregunta importante que debe ser abordada. Si deseas un verdadero éxito y una guía sincera que no te desvíe del camino, necesitarás considerar a quién le haces caso en el viaje de la vida. Te pedimos que reflexiones sobre la idea de qué necesitas hacer si las voces que te hablan te están causando más estrés que paz. Este versículo nos dice que nunca estamos solos en el camino de la vida. Cuando construimos una relación diaria con Alguien que nos conoce desde dentro hacia afuera, experimentamos consuelo, orden y amor. Y la mejor parte es que este mismo Creador *quiere* caminar con nosotros en cada paso del camino, en los buenos momentos y en el caos.

El día en que nació nuestro hijo del medio es un buen ejemplo de cómo apoyarse en la paz de Dios durante lo traumático y lo desconocido. Lo recuerdo como si fuera ayer. Estábamos terminando un embarazo bastante normal de nueve meses y esperábamos lo mismo con el parto y el alumbramiento. Nuestra obstetra resultó ser una buena amiga y vecina, por lo que toda la experiencia en el hospital fue un poco más relajada.

En un momento, parecía que el progreso del parto no avanzaba mucho, así que mi esposo y mi médico decidieron ir a cenar. Me habían puesto una epidural, por lo que no sentía dolor, pero en mi interior sabía que algo no estaba bien. Ahora sé que era el Espíritu Santo quien me hablaba. Recuerdo decirme a mí misma: *Estás en un hospital, por el amor de Dios, y habrá alguien que te ayude si lo necesitas. Deja de tener tanto miedo.* Por lo tanto, en lugar de exigir que se quedaran, solo le pedí a mi doctora que se asegurara de que todo estuviera bien con el bebé y conmigo antes de que se fueran. Ella me recordó que quince minutos antes, solo estaba dilatada de cuatro a cinco centímetros, y no había motivo para preocuparme. Mi intuición me dijo nuevamente que insistiera, así que ella cedió y revisó. Y descubrió que ya estaba a diez centímetros; ¡al parecer, Zach tenía prisa! Era momento de entrar en modo de parto.

En cuestión de segundos, la habitación cobró vida con enfermeras, carritos y batas. Minutos después, Zach llegó. Era un bebé grande y de inmediato llamó la atención de todos, pero no de buena manera. No respiraba.

Tanto mi esposo como yo observamos horrorizados cómo los médicos y las enfermeras trabajaban con nuestro hijo recién nacido. Minuto tras minuto no había sonido, no lloraba, no respiraba.

En cierto momento, mi amiga la doctora intentó atenderme, y recuerdo estar muy enojada diciéndole que hiciera que Zach respirara. Desesperados, Neal y yo clamamos a Dios: "Por favor, arregla esto; ¡haz que respire y déjalo vivir!".

¿Sabes qué escuché en ese momento? Absolutamente nada. No escuchar nada no es lo que quieres experimentar cuando realmente necesitas una respuesta inmediata; sin embargo, lo que sentí en mi espíritu fue calma inmediata y completa. Mi cuerpo se relajó y estuve tranquila por dentro. Parecía más lógico que siguiera entrando en pánico y dando órdenes a todos; pero, en cambio, sentí paz. Ese tipo de paz que sobrepasa todo entendimiento. Eso es exactamente lo que sentí. Sabía, sin lugar a dudas, que todo iba a salir bien.

¿Sabía qué iba a pasar con Zach? No. Pero sí sabía que mis oraciones habían sido escuchadas, y Dios ya tenía el resultado cubierto. Este tipo de tranquilidad nos ofrece un ánimo profundo y constante, y también fortaleza, consuelo, valor y aceptación. Cuando clamamos a Él, Dios nos da una comprensión que no tiene sentido para nosotros en la situación actual de nuestras vidas.

Unos minutos después, se oyó un sonido alegre. Zach gritó. Y luego gritó más. Muchas semanas después, los profesionales médicos nos advirtieron sobre los peligros de que Zach no hubiera respirado durante tanto tiempo. Recuerdo bien la conversación. Tuvieron que decirme los riesgos potenciales; pero curiosamente, no escuché mucho de lo que dijeron. Simplemente no podía comprender que no fuera a salir todo bien. Tal vez estaba siendo ingenua, pero cuando sus palabras llegaron a mis oídos, también lo hizo esa sensación de tranquilidad y calma. Sabía que estaba escuchando sus palabras de advertencia, pero también recordaba la escena del hospital. Tal vez entiendas lo que quiero decir cuando digo que ese momento corre en cámara lenta en mi mente. Y también lo hace la fuerza que sentí por la conexión instantánea con Dios en la situación. Esa paz es como estar en una tormenta fuerte pero no temer a las olas. Puedo recurrir a esa paz cuando recuerdo esa habitación aquel día. Sinceramente, usaré esa experiencia siempre que mi paz se vea realmente sacudida. Cada vez, el recuerdo me lleva a un lugar donde sé que Alguien mucho más grande que yo se encarga de esto, ¡y todo está bien!

Resultó que Zach fue un bebé maravilloso que estaba completamente normal y sano. Sé que Dios me estaba enseñando cómo escuchar su voz de paz cuando estaba llena de miedo y confusión. Estaba tratando de enseñarme a tener confianza en escucharle y seguir su paz más que el temor.

ENCONTRAR PAZ EN MEDIO DEL CAOS

Tú y yo sabemos que hay muchas voces a las que *podríamos* elegir escuchar. Necesitamos filtrar esas voces para encontrar la que declara paz. Para superar cada día, cada obstáculo y desafío que se nos presenta, necesitamos buscar la voz de Dios, su paz. Él promete dárnosla, pero debemos apoyarnos en ella, creerla, y apropiarnos de ella antes de que pueda hacernos algún bien.

Esta es una de esas promesas: *La paz les dejo; mi paz les doy. Yo no se la doy a ustedes como la da el mundo. No se angustien ni se acobarden* (Juan 14:27, NVI).

Recuerdo que, cuando tenía poco más de treinta años, conocí a un caballero mayor que me pidió que le contara mi historia. Pensé para mí: *¿Qué historia? ¿Qué querrá saber?* Así que le dije: "No hay mucho que contar, la vida ha sido bastante normal". Él se volteó hacia mí y dijo: "Solo espera, no has vivido lo suficiente". Si estás pensando: *Bueno, qué viejo gruñón*, ¡yo también lo pensé! Lo que no comprendía en ese momento era que me estaba diciendo que toda la vida tiene sus problemas. No es que Dios te odie, ni que no hayas vivido correctamente. No es el karma. Él estaba diciendo que la vida es desafiante. Simplemente lo es.

La respuesta a esos desafíos está en Juan 14:27. Jesús promete darnos su paz, e inmediatamente después nos da la instrucción de no dejar que nuestros corazones se angustien. Él es bien consciente y entiende las dificultades que tú y yo enfrentamos en nuestras vidas. Necesitamos paz porque nuestros corazones *experimentarán* problemas: cada uno de nosotros. Este versículo nos dice que si tomamos la promesa de su paz, podemos tener corazones tranquilos y sin angustia, al margen de cuáles sean nuestras circunstancias externas. Muchos de nosotros nos quedamos atascados porque nos cuesta aferrarnos a la voz que trae paz a nuestras vidas: la voz de Dios.

Déjame desafiarte a cambiar tu situación aprendiendo a apoyarte en la voz de Dios. Esta disciplina implica paciencia, práctica y fe. Podemos aprender a discernir su voz en medio del ruido y las voces del mundo.

DEJA IR TU PASADO: ABRAZA LA VERDAD

¿Has notado que muchas cosas en la vida simplemente no tienen sentido? ¿Sientes que hay mucho que está fuera de tu control? ¿Qué haces en esas situaciones? ¿Entras en pánico? ¿Te paralizas? ¿Te lanzas a la acción de cualquier manera?

Las investigaciones nos dicen que el recelo y el tumulto raras veces se enfocan en nuestras circunstancias actuales.[1] Normalmente son problemas prestados del pasado o del futuro. Algunas personas se preocupan por cosas que podrían pasar. Otras se estresan por cosas que ya han ocurrido y desearían poder cambiar. Una tercera categoría salta entre las dos. Lo sé, yo también he estado allí de vez en cuando.

Colosenses 3:15 compara la paz de Cristo con la de un árbitro.

> *Y que la paz que viene de Cristo gobierne en sus corazones. Pues, como miembros de un mismo cuerpo, ustedes son llamados a vivir en paz. Y sean siempre agradecidos.*

¿Qué hace un árbitro? Gobierna y toma decisiones en tiempo real durante el juego. Debemos depender tanto de la paz de Cristo, que esta se convierta en nuestra guía, o nuestro árbitro, que nos ayuda a tomar decisiones en la vida.

Sin embargo, ¿cuál es la verdad sobre todos los problemas de la vida? En resumen: el futuro *y* el pasado están bajo el cuidado de Dios. Más importante aún, no son los lugares en los que vivimos. Solo existimos en el presente. En cuanto al futuro, Dios promete suplir nuestras necesidades futuras. Y puede que te sorprenda, pero Dios ha elegido reescribir las consecuencias celestiales de tu pasado, si se lo pides.

Todos somos culpables de intentar tomar control de alguna manera, ¿cierto? No sé tú, pero yo lo hago todo el tiempo. Es muy fácil perder mucho tiempo y energía tratando de resolver las cosas, y luego intentar involucrarnos en el plan para que funcionen. Pues bien, la buena noticia es que podemos dejar de malgastar nuestro tiempo y energía porque podemos elegir dejar que este "árbitro celestial" o guía nos respalde.

La gente me ha dicho en más de una ocasión que cuando finalmente dejaron de intentar averiguar por qué Dios permitió que algo sucediera y simplemente comenzaron a confiar, una calma extraña les invadió. Al igual que yo en el hospital con mi hijo, esto nos permite enfrentar el hecho de que no todas nuestras preguntas van a ser respondidas en esta vida. Confiar en su plan y escuchar su voz puede darnos paz.

PASAR DE CONTROLAR A SOLTAR

Mi amiga Sandy recientemente salió de una relación de amor-odio con su hijo adulto joven, Erik. Pasó la mayor parte de sus años de adolescencia rastreándolo. Sabía dónde estaba y qué estaba haciendo a través de su teléfono, sus amigos o su auto. Sí, incluso rastreaba su auto.

Cuando hacía eso, ¿cómo crees que respondía Erik? Lo adivinaste. Horriblemente. De hecho, las cosas seguían empeorando en su comunicación y relación hasta que un día Sandy se dio cuenta de que estaba perdiendo muchas batallas en este juego. La conexión con su hijo estaba gravemente dañada; estaba agotada y ya no podía más. Si dejaba de gestionar todo de manera tan rígida, temía lo peor para su hijo, pero comprendió que necesitaba poner fin a todo el espionaje y el control; por lo tanto, un día se rindió. Desconectó todos los dispositivos y decidió confiarle a Dios su hijo.

Entonces, ¿qué pasó con Erik? Al principio le encantó su nueva libertad y siguió por algunos caminos autodestructivos. Encontró amigos que salían de fiesta en lugar de trabajar, dejó la banda porque nadie le recordaba practicar, y sus amistades cayeron en picado porque no le gustaba devolver los mensajes. Como la mayoría de nuestros malos hábitos, los suyos lo alcanzaron con un gran golpe.

Pero, afortunadamente para él, despertó a la realidad y decidió tomar algunas decisiones difíciles en la vida. Aprendió que necesitaba comer, y para hacerlo, debía ir a trabajar de modo constante. También aprendió que necesitaba establecer límites apropiados con sus amigos y su tiempo.

En la actualidad, Erik está teniendo éxito en la vida, y Sandy tiene paz. ¿Por qué? Ella decidió vivir en el presente y dio el salto de confiar en su vida.

Comprender, escuchar y aplicar la paz de Dios como un árbitro es lo que trae orden al caos. Puede ser un viaje diferente para cada uno de nosotros; sin embargo, si deseas caminar en verdadera paz (donde sabes que todo estará bien contigo y con tus planes), entonces escuchar y conocer esta voz es necesario. En lugar de rechazo, miedo, vergüenza y desesperanza, puedes tener calma interna. Intenta algunos de los siguientes ejercicios para practicar escuchar la voz correcta en tu vida.

EJERCICIOS DEL HÁBITO 9: CONOCE LA VOZ CORRECTA

1. Trabaja para recordarte a ti mismo la diferencia entre las verdades: en este momento, ¿la verdad es tuya o es de Dios?

   Toma un momento para filtrar tus pensamientos a través de estas cuatro preguntas:

   - ¿Te produce paz lo que crees en el momento?
   - ¿Lo que crees en el momento proviene del pasado o del futuro?
   - ¿Lo que crees en el momento te destruye o te eleva?
   - ¿Lo que crees está alineado con las verdades de Dios?

   a Biblia está llena de hermosas revelaciones, a veces ayuda enfocarse en unos pocos versículos clave cuando necesitamos averiguar si estamos aferrándonos a nuestras propias verdades o a las de Él.

   Aquí hay dos pasajes para ayudarte en ese proceso de intercambio y en el reconocimiento del Espíritu correcto.

   > *Por lo demás, hermanos, todo lo que es verdadero, todo lo digno, todo lo justo, todo lo puro, todo lo amable, todo lo honorable, si hay alguna virtud o algo que merece elogio, en esto mediten.*
   >
   > Filipenses 4:8 (NBLA)

En cambio, el fruto del Espíritu es amor, alegría, paz, paciencia, amabilidad, bondad, fidelidad, humildad y dominio propio. Gálatas 5:22-23 (NVI)

2. Toma un tiempo para leer el Cantar de los Cantares. En la versión *The Passion Translation* (en inglés), presta especial atención al capítulo 7, versículos 4-5, que dice:

   Tal discernimiento te rodea, protegiéndote del avance del enemigo. El amor redentor te corona como realeza. Tus pensamientos están llenos de vida, sabiduría y virtud. Incluso un rey queda cautivo por tu belleza. (Traducción libre)

   Ahora responde a estas preguntas sobre la historia:

   - ¿Cómo es protegida la novia?
   - ¿Cómo la describe el novio?
   - ¿Puedes intentar imaginar que alguien te ama y te aprecia tanto como el novio lo hace en estos versículos? (No te preocupes de si eres una novia o un novio, ¿puedes declarar esas palabras afirmativas sobre ti mismo?).
   - ¿Alguna vez alguien te ha hablado de esa manera? Esta es la verdad de Dios sobre su novia: tú y yo. ¿Cómo te hace sentir escuchar esto?
   - ¿Puedes dejar que la verdad de esos pensamientos y palabras entre en tu corazón? Si tu respuesta a esto sigue siendo no, sigamos trabajando juntos a través de estos ejercicios.

En ocasiones, las palabras que recordamos son hirientes o dolorosas. A menudo provienen del pasado. Incluso si tus palabras dolorosas son del presente, *escoge* lo que es verdad, y te dará paz. Estos términos de cariño y afecto en el Cantar de los Cantares describen un amor infinito que no podemos rechazar ni alejar.

Escoge creer en el hecho de que la naturaleza de Dios hacia ti es amor. En el Cantar de los Cantares 1:15 (TPT) el novio le dice a la mujer sulamita: *Mi amada, ¡qué hermosa eres! Eres belleza misma para mí. Tus ojos apasionados son como tiernas palomas* (traducción libre).

Si el Dios que creó el universo declara estas cosas sobre ti, ¿por qué no estás celebrando que eres amado, especial y muy distinto? Muchos de nosotros tenemos dificultades para creer en el increíble amor de Dios por nosotros. Incluso si aún no lo creemos o entendemos, debemos zanjar el hecho de que es verdad. No importa cuán difícil haya sido tu camino en la vida, *eres* amado y eres importante. Porque la naturaleza de Dios es amor. ¡Que esta verdad penetre en tu corazón!

3. Esta semana, trabaja para aumentar tu capacidad de escuchar una voz de apoyo. Para hacerlo, considera usar una técnica de consejería llamada *enraizamiento*. El enraizamiento es un modo de enfocarse con el propósito de recuperar el rumbo. Está diseñado para anclarnos al momento presente, alejándonos de la preocupación por el futuro o los pensamientos ansiosos. Es una habilidad para usar cuando estás teniendo un mal día o lidiando con mucho estrés. El enraizamiento te ayuda a reorientarte hacia el aquí y el ahora.

Si conecto o me enraízo con lo que está sucediendo en el mundo o la cultura, entonces miraré al mundo para determinar mi bienestar. Si me enraízo o me enfoco en las cosas del Espíritu de Dios, lo miraré a Él como mi guía para encontrar estabilidad y paz.

Puedes enraizarte en el Espíritu al enfocarte en algún aspecto de la verdad de Dios. ¿Dónde encuentran las personas esta verdad?

- Algunas personas elegirán escuchar música relajante o de adoración.
- Otras leerán versículos bíblicos que toquen su corazón.
- Algunos orarán o leerán materiales de maestros que los reorienten hacia el presente o la verdad.

Sin importar lo que elijas, asegúrate de crear un buen espacio para trabajar en este ejercicio. Ve a un lugar donde no estés distraído por pensamientos internos o sentimientos externos que te causen angustia. Si amas la naturaleza, ve a un parque. Si te gusta consentirte, toma un baño. Si disfrutas del ejercicio, da un paseo o corre. Usa tu imaginación.

HÁBITO 10:
PRACTICAR LA DISCIPLINA DE LA PAZ

En el amor no hay temor, sino que el amor perfecto echa fuera el temor. El que teme espera el castigo, así que no ha sido perfeccionado en el amor.
1 Juan 4:18 (NVI)

En un capítulo anterior dije que a mi esposo le diagnosticaron cáncer en etapa cuatro con treinta y ocho años de edad. Puedo decir fácilmente que fue uno de los momentos más aterradores de mi vida. Si alguna vez has estado en un lugar donde no tienes ningún poder y sientes una considerable ambigüedad, entonces lo entenderás. Rápidamente te das cuenta del poco control que tienes. Durante este largo y difícil proceso estábamos agradecidos de tener amigos extraordinarios, excelentes médicos, un sistema de apoyo increíble y un Dios paciente.

Todavía recuerdo la expresión en el rostro del médico cuando nos dijo que había encontrado un bulto en el colon de

Neal. Ya sabes que es grave cuando el médico te dice que quiere programar la cirugía para el día siguiente. En cuestión de horas, estábamos hablando con el personal del hospital y los especialistas en cuidado del cáncer. No recuerdo cuántos centímetros le extirparon, pero fueron muchos. Esas horas fueron agotadoras mientras esperábamos. Era aterrador saber que había un puñado de personas trabajando desesperadamente en otra parte del hospital para prolongar la vida de mi esposo. Extraían una sección de su colon, la congelaban y la analizaban; y continuaban hasta encontrar una sección que no estuviera infectada. Este proceso tomó cerca de seis horas, fue peligroso, y cambió el curso de su recuperación. Más tarde nos enteramos de cuán diligente fue el cirujano para llegar a la raíz del problema.

Como trabajaron tan arduamente para asegurarse de eliminar todas las células cancerosas, la operación fue más dura para su cuerpo. Sus sistemas internos estaban estresados, y su colon luchaba por volver a procesar los alimentos normalmente. Neal terminó permaneciendo en el hospital cerca de dos semanas adicionales.

Todos los días iba al hospital para pasar tiempo con él mientras sanaba. Luego corría a casa para cuidar a tres pequeños niños asustados. Recuerdo una noche en particular cuando salí del hospital agotada, preocupada y casi entumecida. Encontré mi auto bajo una lluvia torrencial y comencé a manejar desde el centro hacia nuestra casa. Comencé a llorar y a preguntarle a Dios qué debíamos hacer a continuación. Más concretamente, ¿dónde estaba Él en ese momento? ¿Por qué parecía que no estaba respondiendo a mis oraciones? Ese día en particular estaba frustrada con todo, especialmente con la injusticia de la situación. Mi decepción también estaba dirigida a Dios.

Mientras avanzaba por la carretera, comencé a decirle al Señor lo que pensaba de la situación.

Recuerdo mirar por mi ventanilla a las personas en los vehículos a mi lado. Estoy segura de que pensaron que estaba loca, ya que hablaba en voz alta sin nadie más en el auto. Le decía a Dios cuán injusto era todo ese lío para nuestra familia. En un momento, cuando finalmente me quedé en silencio, sucedió algo increíble. Escuché una voz tan claramente que parecía que alguien estaba sentado a mi lado en el auto.

Escuché las palabras: "Te amo".

¿Qué haces con eso? Bueno, lo que *yo* hice fue decir: "No entiendo, y necesito más en este momento. Necesito ayuda con esta enfermedad, y necesito algunas respuestas".

EL AMOR PERFECTO ECHA FUERA EL TEMOR

El Señor me estaba diciendo algo que no podía comprender en ese momento: el amor perfecto echa fuera el temor, como vemos en 1 Juan 4:18.

Comprensiblemente, en ese momento de mi vida tenía miedo. Ahora sé que Dios no quería que cargara con ese temor. En algún nivel, todos entendemos eso, pero lo que estaba enfrentando era realmente aterrador. Y tal vez tú hayas tenido una experiencia similar.

La lección que comenzó en mi auto ese día terminó siendo un largo viaje para tratar de entender cómo sustituir mi temor por su paz.

Es fácil ver que hay mucho más temor y estrés en este mundo que paz y aceptación. ¿No es irónico que, dada la tecnología de comunicación actual, que es más significativa que nunca en la historia de la humanidad, nunca ha habido más malentendidos y soledad?

En lugar de paz, podrías sentir:

- Insatisfacción, porque no estás contento contigo mismo.
- Celos, porque constantemente te comparas con otros.
- Temor y duda, porque te falta confianza.

Todas estas cosas juntas conducen a un alma angustiada que nunca logra encontrar satisfacción, sin importar cuántos amigos tienes, cuántos "me gusta" recibas, o cuántas cosas tengas a tu alrededor.

En mi propio camino difícil, aprendí que Dios no siente otra cosa sino amor perfecto cuando piensa en nosotros. No sé tú, pero esa no era la imagen que recibí en la escuela dominical. Pasé mis años de primaria con la idea de que no debíamos hacer enojar a Dios.

Con el tiempo, descubrí que Dios tiene una identidad basada en el amor por nosotros. Primera de Corintios 13:5 lo confirma al decirnos que el amor "no guarda rencor" (RVR-60).

Por la propia naturaleza de Dios, Él no puede pensar mal de ti ni de mí. ¿Por qué? Porque Él es amor perfecto. ¡Vaya! (Quédate con eso un momento.)

El amor de Dios fluyendo a través de nosotros hace que el temor se aleje. Y ese mismo amor perfecto permite que la paz rodee nuestras vidas y nuestras circunstancias.

A todos nos vendría bien más de eso, ¿no es cierto?

El novio explica el amor supremo del rey y su relación de pacto con ella en Cantar de los Cantares 6:8-9 (TPT):

Podría haber elegido a cualquiera entre la vasta multitud de las reales que me siguen. Pero única es mi amada paloma, incomparable en belleza, sin igual, más allá de toda comparación, la perfecta, la favorita. Otros ven tu belleza y cantan tu alegría. Novias y reinas elogian tu alabanza: "¡Cuán bendita es ella!". (Traducción libre).

Dios sabe que lucharás con pruebas y tentaciones, y que a veces caerás, pero necesitas entender que Él todavía te ve como puro y hermoso. Su perfecto amor no está sujeto a negociación en nuestras vidas. ¡Es nuestro para tomarlo!

INTERCAMBIAR EL TEMOR POR UNA PAZ DURADERA

Entonces, ¿de qué tienes miedo? ¿De no estar a la altura? ¿De ser, actuar y pensar de manera diferente a los demás? Si te aferras a lo que Dios dice sobre quién eres, aprenderás a descansar en su amor y a abrazar tu propia singularidad.

Lo realmente importante es que esto se puede hacer al mismo tiempo que permites que otros acepten *sus* propios destinos. Cuando te enfocas en sus promesas para ti, no hay necesidad de medirte según los estándares del mundo ni de nadie más. Escucharás su voz como tu *propio* tambor. Eso es lo que Él estaba tratando de decirme en el auto ese día, y cuando me escondí en el armario después de ser traicionada, y en tantas otras ocasiones en mi vida. Su promesa de amor perfecto trataba persistentemente de librarme de mi temor.

La tranquilidad de Dios te da la capacidad de ser tú mismo y saber quién fuiste creado para ser, incluso cuando el mundo quisiera que seas diferente. Este tipo de paz produce la comprensión de que, incluso en medio de las dificultades, no las enfrentarás solo. María, la madre de Jesús, tuvo que sentir esta paz para caminar en el plan de Dios para su vida. María se ocupaba de sus asuntos cuando un ángel se le apareció y le dijo que estaba embarazada sin haber tenido sexo. Y, a propósito, el bebé era el Hijo de Dios. ¡Vaya!

Lucas 1:38 nos muestra su reacción: *María respondió: —Soy la sierva del Señor. Que se cumpla todo lo que has dicho acerca de mí.*

Imagínate a ti mismo en la situación de María. Estás ocupada en tu día cuando aparece un ángel y te dice que has sido elegida y honrada entre las mujeres porque darás a luz al Hijo de Dios. ¿Tu recompensa por ese honor? Estarás soltera y embarazada en una época en la que ese comportamiento era despreciado y podría castigarse con la lapidación (ver Deuteronomio 22).

La mayoría de nosotros seríamos desconfiados y probablemente entraríamos en pánico. Es poco probable que dijéramos: "Está bien, acepto lo que me toque en esta vida".

La única manera en que María pudo haber sentido calma ante la situación, mientras posiblemente también tenía miedo, era si sabía en lo profundo de su ser que podía confiar en el ángel y podía confiar en la calma que sentía en su espíritu. Ella sabía que Dios estaba con ella. Una de las características de la presencia de Dios, es su paz, con su poder para proteger tu corazón y tu mente de la preocupación y la ansiedad.

En griego, la palabra *paz* significa "obtener quietud al eliminar lo que busca distraerte y destruirte".[1] Es una eliminación agresiva o una extracción forzosa ¿de qué? De cualquier cosa que intente destruir tu quietud interior.

La paz de Dios tiene un significado muy similar en el Antiguo Testamento. Cuando estudiamos los pictogramas hebreos, encontramos que la palabra para "paz" no se refiere meramente a un estado mental. Significa destruir o eliminar el caos y la anarquía que te rodean.[2] El maestro John Paul Jackson nos dice que cuando se elimina la ansiedad, surge el propósito.

Basándonos en este entendimiento, cuando Jesús decía: "La paz sea con ustedes" no estaba simplemente saludando a las personas. No, Él estaba emitiendo un mandato al desorden que rodeaba sus vidas. Esencialmente, estaba diciendo: "Que el caos y la anarquía que intentan apartarte de un lugar de quietud sean eliminados de tu vida". Creo que a todos nos vendría bien un poco de eso ahora mismo.

La paz de Dios no es pasiva. Necesita ser nuestra norma para enfrentar la desesperanza y el miedo de la vida.

LA DISCIPLINA DE LA PAZ

Si somos sinceros, todos queremos el tipo de descanso interior que María experimentó: un lugar donde confiar en que todo estaría bien en su vida. Las siguientes son algunas disciplinas que te acercarán a esa meta:

Disciplina 1: Decide que la paz es más importante que el entendimiento. Si tienes un problema o una decisión que tomar, la paz de Dios está disponible para ti dondequiera y cuando sea.

Una vez trabajé con una mujer cuya actividad favorita era escribir su plan de vida para los próximos cinco años. Hacía esta "actividad tranquilizadora" un día, un mes, un año a la vez. Esa conducta se debía a su (falsa) creencia de que una vida ordenada por fuera traería dirección a su vida interior, especialmente a su corazón.

La Biblia nos enseña que Dios desea que caminemos con Él, dependiendo de su provisión y guía diarias, no que nos adelantemos al futuro sin Él. Ese no es el diseño que tiene para nosotros. Es algo que está más allá de nuestra capacidad.

No encontrarás paz participando en un exceso de planificación y actividad. Ese no es el camino hacia una paz duradera para tu mente y tu espíritu.

La paz que viene de Dios es eterna porque Él ya ha visto tu futuro. Sabe lo que va a suceder. Conoce lo bueno, lo malo y lo feo antes de que ocurra. Por favor, comprende que Él no envía lo malo; sin embargo, diseñó tu mente para comunicarse continuamente con Él a través de tus palabras, pensamientos y acciones en todas las circunstancias. Este regalo es tuyo en los periodos maravillosos y también en los momentos desafiantes.

Tú y yo necesitamos ser firmes en buscar su paz más que respuestas o soluciones perfectas.

Disciplina 2: Escoge en qué te enfocarás: en tus problemas o en la paz prometida de Dios. Incluso cuando las cosas no tienen sentido, debemos aprender a confiar en que el propósito de Dios para nosotros es bueno, y *escoger* confiar.

Recuerda Proverbios 3:5-6 del Paso 9. Vale la pena repetirlo: *Confía en el Señor de todo corazón y no te apoyes en tu propia inteligencia. Reconócelo en todos tus caminos y él enderezará tus sendas* (NVI). En medio de todo el esfuerzo, Dios nos insta a simplemente confiar en Él.

Tú y yo debemos enfrentar el hecho de que no todas nuestras preguntas serán respondidas en esta vida. Como la paz de

Dios no se basa en las circunstancias (como la paz del mundo), puede que no tenga sentido para nuestras mentes. Entender no es un requisito previo para sentir su suave calma en nuestro espíritu. De hecho, necesitar entender a veces puede interponerse en el camino de la confianza. Enfócate en esa paz prometida.

El término hebreo *shalom* se traduce como la palabra *paz*. En la Escritura, *shalom* significa más que un estado mental o un estado del ser: *Shalom* significa estar lleno de paz y sentirte completo. Cuando te consumes con este estado de paz y plenitud, naturalmente comienzas a sentirte bien contigo mismo y con tus circunstancias. Puedes caminar un poco más erguido porque sabes en lo profundo de tu ser que tienes valor. Eres importante. Es aquí donde tus inseguridades y reflexiones negativas comienzan a desvanecerse. Comienzas a sentir y ofrecer más shalom a ti mismo y a los demás.

Disciplina 3: Si quieres la paz de Dios, debes buscarla activamente en todas las circunstancias. No es suficiente que tan solo entiendas que este tipo de paz existe. Entrenar tu mente para pensar de manera diferente solo te llevará solo hasta cierto punto... "Pero, Diane, solo pedir paz suena demasiado simple". Veámoslo juntos. En Filipenses 4:6-7 el apóstol Pablo dice:

> *Por nada estéis afanosos, sino sean conocidas vuestras peticiones delante de Dios en toda oración y ruego, con acción de gracias. Y la paz de Dios, que sobrepasa todo entendimiento, guardará vuestros corazones y pensamientos en Cristo Jesús.* (RVR-60)

Notemos el orden que Pablo nos enseña para lograr esto. Comienza diciendo con qué frecuencia debemos orar: continuamente. Luego nos enseña a ofrecer peticiones llenas de fe, con gratitud. Después, entrega a Dios todos los detalles de nuestra vida. Descarga nuestras preocupaciones en Él. *Entonces* experimentaremos la paz de Dios.

Por tanto, según la instrucción de Pablo, las peticiones agradecidas, seguidas de abrir tu corazón a Él, te producirán paz. Parece que hay una relación de causa y efecto aquí.

La oración es la causa. La paz es el efecto.

Ahora veamos la palabra *guardar*. Recuerda, como mencionamos en el capítulo anterior, que el modo en que se usa en este versículo no significa mantener prisionero. Se utiliza en un sentido militar, lo que significa estar de guardia en un puesto y proteger contra la agresión de un enemigo. Esto es increíble: cuando la paz de Dios guarda tu vida, has entrado en un lugar seguro de protección.

Cuán transformador es saber que la paz de Dios se mantiene en guardia para proteger tu corazón de la preocupación y la inseguridad. Y la oración, llena de gratitud y comunicación sincera, es lo que nos lleva a este lugar de paz.

Mientras lees y practicas estas disciplinas, oro para que encuentres la paz de Dios de maneras grandes y poderosas.

EJERCICIOS DEL HÁBITO 10: PRACTICA LA PAZ INTENCIONADAMENTE

1. Practica ser consciente de tus pensamientos y emociones. La atención plena es una técnica de terapia para la salud mental, que fomenta la consciencia de tu entorno, pensamientos y espíritu para estar en paz.

   La atención plena no es un concepto extraño ni místico. El opuesto de la atención plena podría describirse como permitir que tus emociones y pensamientos negativos dominen tu vida. Esto es similar a estar distraído y puede describirse como la cualidad de algo que carece de significado.

   La atención plena consiste en ser intencional y vivir en el momento presente. Cuando te enfocas en un pasado negativo o en un futuro preocupante, puedes terminar con sentimientos de ansiedad o desesperación. La atención plena te ayuda a observar la bondad de la vida en lugar de centrarte en circunstancias, personas o eventos negativos.

   Para medir tu nivel de atención plena, pregúntate:

   - ¿Estoy atento a las personas que están en mi vida en este momento?
   - ¿Trabajo para mantenerme en el presente y no traer problemas del pasado o del futuro?

- ¿Considero lo que mi espíritu me dice sobre la situación o la relación?
- ¿Permanezco consciente del hecho de que tengo un destino en esta vida?

Haz un esfuerzo por buscar la paz y vivir en el momento. Presta atención a lo que sucede con tus emociones mientras absorbes lo que ocurre a tu alrededor. ¿Alguien te está hablando? ¿Los niños están jugando en el fondo? ¿Tu teléfono está sonando? ¿Cómo te hacen sentir tus entornos en este momento: tenso y apresurado, o tranquilo?

Declara para ti mismo que usarás todos tus sentidos para estar abierto a lo que está sucediendo y no intentar arreglarlo o cambiarlo. Esfuérzate por encontrar alegría en los placeres sencillos, como la risa de los niños, la sonrisa de un amigo o la paz del silencio.

2. Encuentra paz cada día. Busca un lugar tranquilo para pensar, reflexionar y, posiblemente, escribir en un diario. Mientras estés allí, pregúntate: ¿Para qué necesito paz hoy?

   Profundiza pensando en estas preguntas:

   - *¿Me siento indigno o culpable?*
   - *¿Estoy preocupado y sintiéndome fuera de control?*
   - *¿Necesito ayuda para confiar en Dios o incluso en alguien más?*
   - *¿Necesito apoyo en una situación importante?*

   Entrega esas preocupaciones y problemas a Dios. Literalmente di: "Dios, te entrego estas cosas. No puedo hacerlo sin tu ayuda. Permíteme experimentar tu paz en estas situaciones". Hazte un favor a ti mismo y ten paciencia con este proceso. Pasa tiempo escuchando las respuestas.

3. Recuerda la paz de Dios. Busca en tu memoria un momento en el que realmente sentiste la paz de Dios sobre una situación o una persona en tu vida. Tal vez fue algo como mi experiencia con el nacimiento de Zach, cuando no podía explicar cómo ni por qué, pero mi cuerpo, mi mente y mi espíritu se calmaron al saber que Dios tenía el control de la situación. Si no puedes pensar en un momento así, pídele a Dios que te muestre uno de tu pasado o que te permita experimentarlo ahora.

Después de tener un recuerdo en mente, reflexiona sobre estas preguntas:

- ¿Qué sentiste o pensaste sobre el evento que fue diferente de otras veces en las que no experimentaste paz?
- ¿Dónde viste o no viste a Dios en esa situación?
- ¿Qué versículos o frases describirían mejor ese momento para ti?

HÁBITO 11: RESISTIR LA ADVERSIDAD

Ya te lo he ordenado: ¡Sé fuerte y valiente!
¡No tengas miedo ni te desanimes! Porque el Señor tu Dios te acompañará dondequiera que vayas.
Josué 1:9 (NVI)

Seamos sinceros: el cambio es difícil, y la sanidad es necesaria; y ambos requieren valentía para completarlos. De hecho, la mayoría de las personas batallan para lograr los resultados que desean. ¿Por qué? Porque, como muchos hemos comprendido, el dolor y la perseverancia no son divertidos.

Si has descubierto en los últimos capítulos que hay áreas de tu vida que necesitan ser fortalecidas o reparadas, puede requerir cierta valentía cambiar de dirección y regresar al rumbo. Con el ambicioso objetivo de descubrir tu verdadero yo, ten en cuenta que no será sencillo poner en práctica las cosas que hemos discutido.

A lo largo de los años me he entrenado a mí misma para superar el deseo de rendirme bajo presión cuando las cosas se ponen difíciles. Tuve que trabajar en desarrollar una mente fuerte, basada en conocer y entender la verdad. Me tomó varios años y muchas situaciones difíciles más antes de poder decirme a mí misma: *Esto no es el plan que Dios tiene para mi vida, porque aquí está lo que dice su Palabra.* O incluso: *Necesito orar por dirección antes de decidir sobre esto, porque mis elecciones o las opciones del mundo no son tan buenas como las de Él.*

Cuando el cambio es difícil, las personas a menudo intentarán animarte dándote un discurso motivador o repitiendo lo que les dijeron en el pasado. Por ejemplo, ¿alguna vez te han dicho que "mantengas la cabeza alta"? Como consejera, he aprendido que ese no siempre es el mejor consejo en una situación. Lo que puede suceder a menudo con esos consejos bienintencionados es que terminarás ocultando tus emociones frente a la adversidad en lugar de saber lo que realmente estás sintiendo. ¿Y la frase: "Nunca dejes que te vean sudar"? Sabemos que esto no significa que hay que elegir un mejor desodorante. No, lo que la gente a menudo quiere decir es que finjas tener el control incluso cuando todo se está desmoronando. Significa, a toda costa, no mostrar tus emociones. ¿Puedes identificarte con algunos de estos comentarios que pretenden alentarnos? Desgraciadamente, no logran darnos la valentía necesaria en el momento.

En mi lucha por evitar dificultades o experiencias que veía como un dolor innecesario, hice un voto de mantenerme en control y estar siempre preparada. Esta mentalidad de "mantenerse organizado y a la vanguardia" surgió de manera honesta. Este rasgo me fue transmitido a través de muchas generaciones. Tanto mi madre como mi abuela siempre estaban listas para cualquier posible emergencia en cualquier día dado; de hecho, no estarlo se consideraba una debilidad.

Como mamá joven, recuerdo preparar kits de emergencia para cualquier evento. Trataba de asegurarme de tener "uno de cada cosa" guardado en la camioneta familiar: agua extra, curitas de repuesto, un par de libros para el tiempo libre, o maquillaje sobrante en caso de que llegara tarde. Tenía un cambio de ropa para todos e incluso un par de tampones, por si acaso. Hacía todo lo posible para cubrir todas las bases a fin de prevenir cualquier problema que pudiera surgir en la vida.

Sin embargo, incluso con toda esa planificación, surgió una emergencia inevitable para la que no estaba preparada. Comenzó cuando el asistente del entrenador de mi hijo llamó para decirme que le preocupaba que el equipo no estuviera listo para el próximo juego. Añadió: "Tu hijo es uno de nuestros líderes; si él asiste hoy al entrenamiento, los demás también lo harán". El problema era que yo sabía que no debía salir a la carretera ese día debido a las advertencias de climatología invernal.

¿Qué harías tú en una situación así? ¿Eres de esas personas que se mantienen firmes cuando saben lo que es correcto? ¿O eres como muchos de nosotros que ceden cuando otros usan la persuasión?

Hoy soy más diestra en ello, pero ese día en particular no fui valiente. No me malinterpretes: escuchar puntos de vista alternativos es bueno a veces, pero cuando ya sabes lo que deberías hacer, ¿por qué dejar que personas con buenas intenciones o las circunstancias te desvíen de tu rumbo? Eso fue todo lo necesario ese día para mí.

Aunque en lo profundo de mi inconsciente sabía que debía quedarme, salí con dos niños a bordo en nuestra camioneta "lista para emergencias". Superamos el entrenamiento y nos dirigíamos a la casa. Para entonces, nevaba intensamente. Estábamos a punto de entrar en nuestra urbanización cuando la camioneta patinó sobre una placa de hielo y se deslizó hacia una zanja profunda. Intenté con todas mis fuerzas maniobrar una salida, pero la camioneta estaba firmemente atascada (habría sido útil tener una pala o algo de arena, pero eso no estaba en mi kit de emergencias).

Nunca había experimentado algo así, y todos estábamos visiblemente asustados. Después de lograr calmarme un poco junto con mis dos hijos menores, salí y caminé alrededor de la camioneta para evaluar la situación. Sí, no había modo de salir de allí, y ya estaba oscureciendo. Entonces hice lo único que se me ocurrió. Regresé al asiento del conductor y entré en pánico. Recuerdo pensar que nos encontrarían a la mañana siguiente: pero congelados. Podía imaginarme los titulares de los periódicos y correos electrónicos: "Mujer y dos hijos encontrados congelados en camioneta". Peor aún, me di cuenta de que yo era la responsable porque sabía que no deberíamos haber salido. Yo era la reina de la preparación, por el amor de Dios. ¡Tenía mejor juicio!

Me gustaría decirte que tuve la valentía de una guerrera y me enfoqué inmediatamente en llegar a la casa a salvo. En cambio, creo que pasé por todos los escenarios horribles posibles en mi mente. Me culpé a mí misma por no tener los suministros de emergencia para ayudarnos a salir de allí. Mirando atrás, ahora puedo ver que no estaba en un peligro real. Estábamos dentro de los límites de la ciudad, y aunque no había muchas personas en la carretera, sí había vehículos de emergencia actuando; sin embargo, no recuerdo haber considerado ninguna de esas cosas esperanzadoras en mi mente. Simplemente cedí ante la presión del miedo y la autocrítica.

Al final, alguien con un vehículo mucho más adecuado para la nieve nos encontró y sacó a nuestro pequeño grupo de la zanja. Estábamos asustados, pero no físicamente dañados por la aventura. Fue una gran lección sobre la necesidad de paciencia y valentía para escuchar la voz correcta a la hora de tomar decisiones.

NO CEDAS BAJO LA PRESIÓN

Nehemías 8 relata una historia de un problema similar, pero a una escala mucho mayor. Nehemías fue presionado, distraído y amenazado mientras intentaba completar su tarea de construir un muro alrededor de Jerusalén que proporcionara seguridad y protección a la ciudad. Hasta ese momento, Nehemías estaba en Babilonia trabajando para el rey como copero.

La historia comienza con la noticia de que quienes sobrevivieron al exilio estaban en gran dificultad y deshonra, con las murallas de Jerusalén derribadas y sus puertas quemadas. Nehemías derrama su corazón delante de Dios y le pide éxito antes de acercarse al rey para pedir ayuda. El rey le concedió todo lo que tuvo el valor de pedir: un permiso para ausentarse y reconstruir el muro, cartas para garantizar su seguridad, y madera para el proyecto. Incluso le proporcionó una escolta.

Bajo el liderazgo de Nehemías, los judíos resistieron una gran oposición, incluyendo burlas, amenazas físicas, manipulación e intimidación.

Algo en su historia me hizo reflexionar sobre cuán fácilmente tendemos a ceder hoy en día, incluso cuando sabemos lo que tiene sentido. En mi situación, tenía un plan claro: complacer al entrenador; a pesar de que sabía que lo más seguro era quedarme en casa con mis hijos.

El objetivo de Nehemías era eliminar la deshonra de Jerusalén y reconstruir el lugar que Dios había elegido como morada para su nombre. Las distracciones y hasta traiciones que enfrentó durante este proceso probablemente fueron confusas y desalentadoras, pero él tuvo la valentía y la disciplina para mantener la mirada en su meta y recordar su misión.

En Nehemías 6:2-4 (NVI), él nos dice:

> *Entonces Sambalat y Guesén me enviaron este mensaje: «Tenemos que reunirnos contigo en alguna de las poblaciones del valle de Ono». En realidad, lo que planeaban era hacerme daño. Así que envié unos mensajeros a decirles: «Estoy ocupado en una gran obra y no puedo ir. Si bajara yo a reunirme con ustedes, la obra se vería interrumpida». Cuatro veces me enviaron este mensaje y otras tantas respondí lo mismo.*

Las cosas habrían sido muy diferentes si yo hubiera tenido el valor de hacer lo que hizo Nehemías en estos versículos. Yo estaba escuchando pensamientos que me alejaban de lo que sabía que era lo correcto. *Si no llevo a mi hijo al entrenamiento, ¿le estaré fallando? ¿El entrenador estará molesto conmigo?* Lamentablemente, aquel día cedí ante el enemigo de la intimidación.

La vida de Nehemías nos proporciona un estudio asombroso de liderazgo, discernimiento y valentía. Superó las dificultades externas y las internas para cumplir con su objetivo de reconstruir el muro.

Al reflexionar sobre esta escena de mi pasado, me pregunté cuál fue la mayor diferencia entre mi falta de éxito y los logros sorprendentes de Nehemías. Él estaba preparado, pero yo creía que también lo estaba, en su mayor parte.

Nehemías 6:9 contiene verdades muy importantes para mí:

> *En realidad, lo que pretendían era asustarnos. Pensaban desanimarnos para que no termináramos la obra. «Y ahora, Señor, ¡fortalece mis manos!»* (NVI)

En ese momento, Nehemías necesitaba una fuerza que iba más allá de la suya. Necesitaba seguridad, dirección para la tarea, y valentía. ¿Qué hizo entonces? Simplemente pidió a Dios su fortaleza.

¿Qué tan fácil es eso?

A veces es difícil filtrar todas las voces bienintencionadas y mantenernos firmes en el rumbo. Nehemías nos enseña a seguir el plan de Dios a pesar de la dificultad. Él es el ejemplo perfecto de cómo tener la valentía para terminar lo que sabemos en nuestro corazón que es verdad.

Lo que intento decirte con el ejemplo de mi propia vida es que es importante cumplir y completar tu objetivo. Sin importar la adversidad o el desafío que enfrentes, no titubees. Pide a Dios su fortaleza y su guía.

PREPÁRATE PARA EL ÉXITO

Aquí está el desafío para cada uno de nosotros: es importante prepararte para el éxito. ¿Cómo? Llevando tu relación con Dios un paso más allá. Lo haces colaborando con Él en *todo* lo que haces cada día. No esperes hasta que estés contra la pared para invitar a Dios a un problema o situación. Recuerda: lo que parece bueno para el mundo puede no ser el plan perfecto para ti o tus relaciones.

¿Hay alguna distracción, enemigo o circunstancia que te haga cuestionar tus decisiones sobre tu identidad o destino? Como en mi caso, tal vez lo que estás atravesando es algo para lo que pensabas que estabas preparado, pero descubres que no es así. Podría ser un drama entre amigos, frustraciones interminables en el trabajo, problemas en el matrimonio o desafíos con los hijos. Tal vez, como Nehemías, otros incluso tratan de desanimarte y empujarte hacia el fracaso. O quizás has estado luchando con tus propios pensamientos distractores o con la opinión popular.

Sea cual sea tu situación específica, ¿cómo mantendrás el rumbo? ¿Cómo cobrarás ánimo? ¿Qué harás cuando te sientas cansado de la presión o el empuje? Pablo nos recuerda la importancia de la perseverancia en 2 Tesalonicenses 3:13: *En cuanto al resto de ustedes, amados hermanos, nunca se cansen de hacer el bien.*

Si eres como yo, una pregunta sobre la aplicación de esta afirmación es realista: ¿cómo se implementa realmente no cansarse *de hacer el bien?* En medio de una dura batalla, a veces parece que sería más fácil rendirse. Yo sin duda me sentí así cuando mi matrimonio estaba fallando. Y tuve la misma tentación cuando mi esposo tuvo cáncer.

Pero descubrí que la única manera de perseverar era encontrar esa fortaleza inexplicable que va más allá de la mía. Eso es lo que Nehemías y yo, al final, teníamos en común. Sabíamos de dónde venía nuestra valentía.

Los momentos en los que me vuelvo cínica y desanimada suelen ser los momentos en los que perdí de vista lo que fui llamada a hacer o perdí la confianza en quién soy realmente. Mi valor no está en lo que puedo hacer, a quién conozco, qué tan querida soy, o qué tan preparada puedo estar para la vida. La clave para prepararme para los desafíos difíciles que llegarán es conectarme con esa fortaleza que va más allá de la mía.

PREPÁRATE PARA LOS DESAFÍOS QUE LLEGARÁN

Siempre tendremos desafíos. Siempre habrá una emergencia para la que no puedas prepararte lo suficiente o que no planeaste. Lo que separa a las personas que lo logran de las que no es que se apoyan en Dios y se asocian con Él para obtener valentía sobrenatural.

Una de las mejores cosas que puedes hacer para mantener el rumbo es permanecer abierto a la posibilidad de que las distracciones te desvíen del camino correcto. Reconoce cuando otros, o incluso tus propios pensamientos y emociones, intentan persuadirte de creer algo que sabes que no es verdad. Más importante aún, cuando seas consciente de una influencia no solicitada, sigue los mismos pasos que Nehemías:

- Cree en lo que estás haciendo y sigue adelante.
- Ten valentía y enfréntate a la adversidad.
- Pide fortaleza y sabiduría.

Cuando el entrenador me llamó, yo podría haber dicho fácilmente: “Lamento que te sientas angustiado por el partido, pero hemos revisado la climatología y no es seguro que manejemos hasta la cancha hoy. Planeamos verte cuando las calles estén despejadas". Podría haber sido firme, clara y amable al mismo tiempo. En otras situaciones, podrías decir algo como: "No estoy listo para tomar una decisión aún. Déjame orar al respecto y te responderé".

Como en la historia de Nehemías, tus metas pueden ser nobles. Tal vez, cuanto más noble sea la meta, más oposición podemos esperar. ¿Puedes pensar en algo más noble que la restauración personal? ¿Una mente sana, una vida llena de alegría?

La gente puede intentar persuadirte para que te desvíes del camino, tal como lo hicieron con él. Aparecerán las voces de quienes destruyen sueños, los pesimistas y la duda interna; y sentirás la tentación de escucharlas. Podrías comenzar a preguntarte si tal vez tienen la razón. Sus voces negativas podrían decir cosas como: "¿Por qué debería funcionar esto para ti?" o "Ya has intentado cambiar antes, simplemente acepta quién eres". Podrías comenzar a creer que estás perdiendo la batalla.

Sin embargo, permíteme animarte con algo que he visto suceder una y otra vez: los mayores avances, los momentos importantes de inspiración y los destellos de genialidad a menudo se producen en esos momentos en los que realmente quieres rendirte.

En el Cantar de los Cantares 5:9, la novia comienza a ver su identidad a través de las pruebas. Ha vivido heridas y podas (Cantar de los Cantares 2:11). Ha tenido la fortaleza para soportar la adversidad de las traiciones de sus amigas (5:7) y muchas de las circunstancias traumáticas de la vida (4:16). En el versículo 16 clama para que el viento del norte se despierte y haga su obra adversa en ella. El viento del norte es frío, mordaz, y seguro que cambiará su corazón de maneras que ella no comprende. En el versículo 5:9 las doncellas se dirigen a la sulamita como más hermosa que todas las demás. Pueden ver la identidad de Dios brillando en ella. Su identidad se está convirtiendo en la de ella.

Entonces, en 6:11, ella nos dice:

> *Decidí bajar a los arroyos del valle donde crecen y maduran los huertos del rey. Anhelaba saber si los corazones se estaban abriendo. ¿Están las vides en ciernes floreciendo con un nuevo crecimiento? ¿Ha llegado su primavera y amor apasionado?* (TPT, traducción libre)

Ella ha hecho el arduo trabajo de crecer y madurar para convertirse en la persona para la que fue creada. Ha tomado el tiempo para reconocer y superar algunas de sus propias debilidades, y ahora busca un nuevo crecimiento en los demás y en sí misma. Ha encontrado la valentía para perseverar. Ha aprendido a amarse bien a sí misma y a los demás.

Como consejera, a menudo compruebo que la valentía es el primer paso hacia el cambio. Cuando te sientes atascado, necesitas que te recuerden seguir lo que ya sabes que es verdad en lo más profundo de tu ser. A veces, eso significa resistir lo que escuchas de otros. Significa responder a los pensamientos negativos, recordar lo que crees y pedir fortaleza y sabiduría para enfrentar los desafíos cuando lleguen. Y *llegarán*. Sin importar cuánto te prepares, los desafíos son parte de la vida. Por lo tanto, ¿por qué no decidir ahora a quién vas a escuchar en las pruebas?

EJERCICIOS DEL HÁBITO 11: MANTÉN TU POSICIÓN

1. Esta semana, pasa tiempo reconociendo un par de las batallas o distracciones que están evitando que cambies, o que te alejan de tus metas o tareas en la vida. Escríbelas en tu cuaderno o diario.

   Mientras miras tu lista, identifica los detalles específicos:

   - ¿Tus desafíos provienen de circunstancias o de personas?
   - ¿Cómo te están impidiendo esos desafíos hacer lo que sabes que necesitas hacer o ser?
   - ¿Qué podrías hacer o decir para recordarte a ti mismo poner las cosas en perspectiva y mantener el rumbo? Recuerda cuando yo pensaba en los titulares de los periódicos. ¿En qué más podrías dedicar tu tiempo a pensar o recordarte en esos momentos?
   - ¿Cómo te apoyarás en Dios para obtener fortaleza y guía? ¿Cómo se vería eso para ti? Será diferente para cada persona. Yo tenía una amiga que solo podía llegar a este lugar de sabiduría en completo silencio. Conozco a otra persona que literalmente necesita construirse un nido en su sala con una almohada, manta, agua y un cuaderno.
   - ¿Qué escrituras puedes usar para desafiar cualquier desánimo que puedas estar sintiendo?

2. Practica mantener tu posición.
   - Esto podría ser difícil, pero sigue conmigo por un momento. Escoge un tema controvertido de la cultura actual. Asegúrate de que sea uno que encuentre personas en ambos lados del asunto. Escribe tu opinión sobre el tema, declarando claramente lo que crees.
   - Pide a Dios que te dé la valentía, la fortaleza y las palabras correctas para defender tu opinión.
   - Recluta a un amigo o confidente, especialmente a alguien que sepas que está en el lado opuesto del tema. Hazle saber que esto será difícil, pero que estás aprendiendo a tener confianza en tus opiniones. Su tarea en ayudarte con este paso de valentía es simplemente ser sincero. Ahora, cuéntale lo que crees sobre el tema.
   - Por ejemplo, ¿qué sientes o crees sobre los tatuajes? Podrías tener convicciones morales en contra de ellos, o podrías sentir que tienen grandes cualidades artísticas. La mayoría de las personas tienen una opinión. Expresa la tuya de una manera amable pero firme.
   - Si te sientes valiente, pídele a tu amigo que cuestione un poco tu opinión e incluso te hable de un punto de vista alternativo. Mientras tu objetivo es mantener el rumbo, mantente abierto a aprender algo nuevo.
   - Trata de mantenerte fiel a tu opinión y reafirma lo que crees, permaneciendo tranquilo, firme y amable.

Recuerda que el objetivo es ser valiente con tu posición, no ganar o ser persuadido.

- Acepta alejarte del tema si las cosas comienzan a acalorarse. Recuerda: no se trata de ganar un argumento; se trata de tener fe y compromiso contigo mismo en el proceso.

HÁBITO 12: CONSTRUIR Y UNIR

Pues somos la obra maestra de Dios.
Él nos creó de nuevo en Cristo Jesús, a fin de que hagamos las cosas buenas que preparó para nosotros tiempo atrás.
Efesios 2:10

Amigos, ¡llegamos al último capítulo! Sin embargo, hay un par de conceptos importantes que quedan y que necesitamos comprender para saber quiénes somos. Estos fundamentos son cruciales para una vida saludable.

Es posible que ya hayas adivinado que creo que fuimos creados por un Dios que sabía cómo seríamos en nuestros mejores y peores días. Él nos dio nuestros talentos y comprende nuestras debilidades. Sabía en qué seríamos buenos y qué nos resultaría difícil; sin embargo, lo más importante es que nos puso en esta tierra queriendo que sepamos que somos amados y deseados. Él estableció un plan perfecto para cada una de nuestras vidas.

Este concepto podría ser difícil de comprender en tu situación actual, pero es verdad.

Jeremías 29:11 (NVI) dice: *Porque yo conozco los planes que tengo para ustedes —afirma el Señor—, planes de bienestar y no de calamidad, a fin de darles un futuro y una esperanza.* Tristemente, para muchos de nosotros esto no parece cierto. Lo que puede ayudar a entender esto es descubrir qué es un pacto y por qué importa.

Algunos puede que se pregunten: "¿Qué? ¿Qué tiene que ver un pacto con entender mi plan y propósito en la vida?". Veámoslo.

Una de las cosas más importantes a recordar acerca de un pacto es que es un acto desprendido. No se necesita mucho para comprender que estamos inmersos en la actualidad en una sociedad bastante egoísta. Un pacto va en contra de la cultura de gran parte de lo que vemos desarrollarse en nuestro mundo.

UNIDOS COMO PEGAMENTO

Una implicación importante del término *pacto* es "una unión". En la Biblia, ¡la palabra *pacto* se traduce del hebreo más de trescientas veces! Cuando algo se repite con tanta frecuencia, es importante.

La palabra del Antiguo Testamento se refiere a un tipo de vínculo o unión donde dos o más partes acuerdan estar unidas. En resumen, deciden ser indivisibles. El concepto general significaba permanecer juntos como un superpegamento. En tiempos bíblicos, un pacto nunca debía romperse. Era un compromiso tan sagrado, que las partes involucradas prometían morir antes que deshonrarse rompiendo su pacto.

En muchos países, un voto o pacto es literalmente más valioso que las vidas de quienes lo hacen. Para sellar un pacto, las partes incluso podían llegar a intercambiar a sus primogénitos. ¡Qué locura!

El modo en que se establecía un pacto era tan importante como lo que ocurría si se quebrantaban las reglas o los límites. Algunas de las consecuencias de romper un pacto del Antiguo Testamento incluían infertilidad, enfermedades, y la derrota por parte de los enemigos (ver Levítico 26:14-39 y Deuteronomio 28:15-68).

En el Antiguo Testamento, cuando dos personas entraban en un pacto de sangre seguían pasos específicos para sellar la promesa. Uno de los pasos implicaba hacerse un corte en las palmas o las muñecas y luego frotarlas juntas. Esto podría ser el origen del término *hermanos de sangre*. A medida que su sangre se mezclaba, el vínculo se sellaba y reforzaba. Nunca podía romperse o anularse.

De la misma manera, un pacto de sangre con Dios es un compromiso eterno y una conexión con Él; sin embargo, este pacto del Nuevo Testamento también es especial en el sentido de que Dios elige cumplir ambos lados del juramento Él mismo. Él es el único que derramó sangre. Es sorprendente, pero no tenemos que hacer nada más que aceptar lo que se nos ha dado: un vínculo o unión con Él que nunca puede romperse. Hablaremos más sobre esto al final del libro.

En la actualidad, las personas a veces pueden negociar su salida de los contratos, pero no funciona de ese modo con un pacto. Una gran diferencia entre un contrato y un pacto es que dentro de un contrato, las relaciones a menudo se basan en protegerse a uno mismo, no el vínculo. Si has estado en este tipo de conexión, sabes que puede fomentar malentendidos y desconfianza. Los contratos permiten que las partes busquen lagunas y cláusulas de salida, y se centran en tus derechos y tu protección. La Biblia claramente intenta mostrarnos un modelo diferente, uno en el que nos sintamos protegidos, amados y con un compromiso eterno.

ENCONTRAR TU PROPÓSITO DADO POR DIOS

En la Biblia hay muchos compromisos, o pactos de promesa, que Dios da a su pueblo. Veamos algunos que se relacionan específicamente con tu propósito dado por Dios en la vida.

> *Ahora bien, sabemos que Dios dispone todas las cosas para el bien de quienes lo aman, los que han sido llamados de acuerdo con su propósito.* Romanos 8:28 (NVI)

> *Porque somos hechura de Dios, creados en Cristo Jesús para buenas obras, las cuales Dios dispuso de antemano a fin de que las pongamos en práctica.* Efesios 2:10 (NVI)

Estos versículos nos dicen que nuestra identidad tiene que ver con quiénes somos en una relación, no solo con nuestras preferencias en la vida. ¿Por qué importa esto? Porque estar en este tipo de vínculo no solo te hace experimentar alegría, sino que también te ayuda a saber, en lo profundo de tu ser, quién fuiste creado para ser.

Recuerda: el verdadero significado de pacto es similar a caminar en una profunda intimidad con otra persona. Entonces, ¿realmente el pacto es lo mismo que la intimidad?

Cuando las personas escuchan la palabra *intimidad*, muchos la asocian con conexión física o sexo; sin embargo, la intimidad del pacto es mucho más que una conexión física. Implica la mezcla de nuestra vida con la de otra persona. Intimidad significa literalmente *ver-dentro-de-mí*. Es una mezcla de almas y un compartir de corazones, algo que todos anhelamos porque así es como Dios nos hizo. Fuimos diseñados para conectar.

Para ser sinceros, hay muchos tipos de intimidad, incluyendo la emocional, espiritual y física. Hoy en día, el aspecto de nuestra identidad que tiene a muchas personas confundidas es el componente físico o sexual.

Una de las grandes preguntas es esta: ¿fuimos creados varón y mujer? ¿Era esto parte de nuestro diseño definitivo? Vamos a explorar este tema.

Génesis 1 y 2 en la Biblia nos muestran que el ideal en el matrimonio es una unión entre dos sexos biológicos diferentes. ¿Por qué es esto importante? Una de las razones es que se nos dijo que nos multiplicáramos en la tierra, lo cual solo puede suceder cuando los bebés son concebidos con un esposo (varón) y una esposa (mujer). La concepción necesita la unión de partes de dos sexos opuestos para crear un bebé.

Al inicio de la existencia del hombre, Dios dijo:

> *Hagamos al ser humano a nuestra imagen y semejanza... Y Dios creó al ser humano a su imagen; lo creó a imagen de Dios; hombre y mujer los creó... Dios miró todo lo que había hecho y consideró que era muy bueno.*
>
> Génesis 1:26-27, 31 (NVI)

Este hecho es, quizá, la mayor gloria de la humanidad: fuimos creados a imagen de Dios. Todos llevamos su semejanza, y Él proclama que el modelo de quienes somos es *bueno*.

Justamente después de crear al hombre a su imagen, Dios el Padre declara que el hombre estaría mejor con un compañero; por lo tanto, creó a Eva del costado de Adán. Lo que sucedió después subraya la importancia del pacto. Adán le dice a Dios que la llamará mujer porque es hueso de sus huesos y carne de su carne. ¿Observaste eso? Adán proclamó que él y Eva son uno: tienen la misma carne y huesos.

Génesis 2:24 (NVI) nos dice: *Por eso dejará el hombre a su padre y a su madre, se unirá a su mujer, y los dos llegarán a ser uno solo.*

El Dios del universo es quien nos creó, y nos modeló como varón o como mujer. Esto nos dice que el varón y la mujer serían unidos en un pacto de sangre. Este pacto debía ser consumado en la noche de bodas y sellado con sangre. De hecho, en tiempos del Nuevo Testamento esperaban recoger las sábanas de la cama matrimonial para asegurarse de que este pacto se consumó. Suena un poco extraño y raro para nosotros, pero el concepto se entiende. Este vínculo debía ser sellado para que todos lo vieran y estuvieran de acuerdo con el matrimonio.

El hombre y la mujer también fueron creados para procrear y ser fructíferos.

> *Y Dios los bendijo con estas palabras: «¡Sean fructíferos y multiplíquense; llenen la tierra y sométanla; dominen a los peces del mar y a las aves del cielo, y a todos los animales que se arrastran por el suelo!».* Génesis 1:28 (NVI)

Dios creó el sexo, y Él quiso que fuera placentero y fructífero. Este pacto de sangre estaba destinado a ser una relación de por vida que incluyera descendencia. Este plan era una expresión del modelo definitivo de la identidad física que Dios el Padre tiene para nosotros. La imagen del matrimonio nos ayuda a comprender el deseo de Dios de una intimidad de pacto con nosotros. Esa conexión profunda es parte de quiénes somos: seres espirituales, emocionales y físicos.

En nuestra cultura actual, nuestras identidades sexuales se han convertido en algo que las personas exploran sin límites para tratar de descubrir su individualidad. El problema con esta visión es que reduce nuestra identidad únicamente a lo físico. Sí, nuestra identidad sexual es una parte de quienes somos, pero ¿debería ser toda nuestra identidad?

ERES MÁS QUE UN SER FÍSICO

El hecho es que los seres humanos somos asombrosos y mucho más que solo seres físicos. Es insultante reducir nuestra identidad a una sola dimensión.

Desde la revolución sexual de los años sesenta han sucedido muchas cosas en el mundo. Junto con las nuevas libertades sexuales, hemos visto un aumento en muchas cosas que no representan un verdadero progreso. Ha habido un salto masivo en la pornografía, la trata de personas, y el número de personas que deciden no casarse o que se divorcian por razones mínimas.

Se nos dice que algunos niños ven pornografía por primera vez alrededor de los ocho años. Las investigaciones dicen que es más adictiva que la cocaína, y dañina a nivel relacional y también psicológico.[1]

En nuestra cultura actual, estas "nuevas libertades" pueden tener efectos de abandono emocional y trauma para muchas personas. En nuestra vida, un tercio de los matrimonios será afectado por la infidelidad. Esto ha tenido varios impactos sociales, entre los que se incluyen un aumento de hogares monoparentales.

La invención del control de la natalidad se suponía que nos daría la opción de recuperar nuestras vidas y nuestros cuerpos, y de mejorar la calidad de nuestra vida sexual; sin embargo, esta es la pregunta difícil: ¿se están desarrollando las personas realmente en su intimidad física, o están más quebradas, deprimidas, ansiosas, y sintiéndose perdidas y abandonadas? Las tasas de estas enfermedades mentales han aumentado globalmente en más del 25 por ciento desde 2020.[2]

Entonces, ¿es posible que esta revolución —este "hacer lo que quiera"— no haya producido la libertad que esperábamos en la sociedad? Hoy es muy común acostarse con alguien en la primera cita y llegarlo a conocer después. ¿Es eso realmente conectar con alguien al nivel de "ver dentro de mí" y sentir la seguridad y comodidad de esa conexión?

Debemos preguntarnos: estadística, psicológica y socialmente, ¿ha cumplido el movimiento de libertad sexual con el objetivo que se propuso alcanzar? ¿O ha aplastado a muchas personas en una vida de tormento y desilusión? Ahora sabemos que esta independencia ha resultado en cadenas de adicciones y conductas que hieren profundamente y sumergen en la vergüenza.[3]

Creo que puede haber un mejor modelo para cómo debemos desarrollarnos como seres humanos. Esto incluye la realidad de que nuestras identidades son mucho más grandes que nuestras preferencias sexuales.

Afirmo que caminar en un pacto es lo único que nos produce verdadera libertad como seres humanos, porque el pacto implica límites, y la ausencia de límites no es libertad en absoluto: es lo opuesto. Para tener una libertad perfecta, también debemos tener algunas reglas; de lo contrario, tenemos caos. Consideremos las reglas de tráfico como ejemplo. Tenemos la libertad de ir o manejar casi a cualquier lugar que deseemos, pero esto viene con los límites de respetar otros vehículos, las reglas estatales de seguridad, y a los peatones. Aceptamos estas reglas al obtener nuestras licencias.

Cuando apreciamos la importancia de un pacto en nuestras vidas, entonces comprendemos que nuestro cuerpo, nuestra mente y nuestro espíritu funcionan mucho mejor bajo el diseño de Dios. Desde el principio, este pacto fue un regalo de protección y un manual de instrucciones para el amor.

¿PACTO O RELACIÓN?

Los pactos están destinados a ser relaciones *fieles y de por vida*. Estas son palabras que debemos recordar al hacer un compromiso de pacto. El objetivo es estar en esta relación hasta que uno de los dos ya no esté en esta tierra.

Los compañeros en un pacto toman la responsabilidad de sus acciones. Cuando hay dificultades, los compañeros recuerdan su compromiso y se responsabilizan para arreglar las cosas. Los matrimonios basados en un pacto no se construyen con coerción, engaño ni manipulación. En el pacto ya no somos dos sino uno.

Los pactos se basan en el compromiso, no en sentimientos o pensamientos. Como somos humanos, nuestros sentimientos fluctúan constantemente. Pueden depender de lo que escuchamos o vemos de otros, en el internet, en las noticias o en las redes sociales. Eso no es una base sólida para nuestra dedicación. En el pacto, somos fieles a nuestras decisiones en los buenos y malos momentos.

Los compañeros de pacto son confiables y leales a sus relaciones. Permanecerán a nuestro lado incluso cuando no estemos en nuestro mejor momento. Hablan bien de nosotros a nuestras espaldas. Son alguien a quien podemos confiar nuestras vidas.

Un pacto se identifica por:

- ¿Cómo puedo servirte?
- ¿Qué puedo dar?
- Te daré un 100 por ciento más.

Una simple relación se identifica a menudo por:

- ¿Cómo puedes servirme?
- ¿Qué obtengo?
- Solo haré un 50 por ciento en el mejor de los casos.

Dios quiere que amemos a todas las personas. Quiere que todos sintamos un amor perfecto y duradero, el cual incluye a las personas que luchan con sus identidades emocionales, físicas y sexuales. La cultura, incluida la Iglesia, a menudo no ha practicado muy bien este "amor perfecto"; sin embargo, nuestro objetivo es amar a los demás como nos amamos a nosotros mismos.

Es importante recordar que hay una diferencia entre tener tentaciones para caminar fuera de la protección de las reglas de

Dios y actuar realmente según esos impulsos. Tener una atracción hacia personas del mismo sexo no significa que esa sea tu identidad. Luchar con *cualquier* tentación de la vida no se convierte en tu identidad, y sin duda no significa que Dios no te ama. Su amor de pacto por nosotros es incondicional.

Jesús fue compasivo con las personas que no cumplían con la autoridad o el plan de Dios. Él hará lo mismo por cada uno de nosotros mientras continuamos trabajando en las decisiones de nuestras vidas. Es la bondad de Dios la que lleva a las personas a una relación con Él. La Biblia promete que Dios siempre nos dará una salida a las tentaciones de la vida.

> *Las tentaciones que enfrentan en su vida no son distintas de las que otros atraviesan. Y Dios es fiel; no permitirá que la tentación sea mayor de lo que puedan soportar. Cuando sean tentados, él les mostrará una salida, para que puedan resistir.* 1 Corintios 10:13

AUTORIDAD QUE GUÍA CON TERNURA

La definición de la palabra *autoridad* proviene de la palabra *autor*. Dios es la máxima autoridad del mundo y el Autor de nosotros. ¿Qué hace Dios con su autoridad? Él envía a su Hijo y a otros para amarnos y darnos reglas y límites para vivir. Nos ofrece un pacto de seguridad, promesa y amor.

No usa su autoridad para controlar, presionar ni juzgar duramente. Nos dio a cada uno libre albedrío. Él no eligió dominarnos, sino guiarnos en nuestras elecciones; por lo tanto, para entender ese amor, cada uno de nosotros debe buscar su plan perfecto. Y luego debemos seguirlo.

En Cantar de los Cantares 8:6, el novio le dice a su novia:

> *Ponme como un sello sobre tu corazón para siempre, como una marca sobre tu brazo. Esta llama ardiente y consumidora te sellará como mi prisionero del amor. Mi pasión es más fuerte que las cadenas de la muerte y el sepulcro, consumidor como las brasas de fuego del corazón ardiente de Dios. Pon este fuego sobre todo tu ser.*
>
> (TPT, traducción libre)

¿Llama ardiente? ¿Prisionero del amor? ¿Qué nos dice esto? En este capítulo final del Cantar de los Cantares, la novia está ahora en el lugar donde su novio le está diciendo que él se ocupará de ella. Planea cubrirla completamente en su amor.

En tiempos bíblicos, un sello se usaba para garantizar la seguridad o indicar propiedad. Las personas colocaban sellos de cera en cartas, pergaminos y documentos importantes. Cada sello tenía una marca única y distintiva. Solo la persona autorizada (o con autoridad) para abrir el documento podía romper el sello. Cuando se abría, lo que el papel contenía o decía era considerado como hecho (curiosamente, si alguien sin autoridad rompía este tipo de sello, la infracción era lo suficientemente grave como para significar prisión o incluso la muerte).

El sello de fuego mencionado en el versículo 8 se le otorgaba a la novia como protección, promesa, aprobación y favor. En este punto, ella sabe que pertenece al novio. Por amor, está bajo su autoridad. Dios es nuestro Autor, pero su sello de autoridad nunca se impone. Cuando lo recibimos, queda hecha una impresión dentro de nosotros. La palabra hebrea para *sello* también puede traducirse como "celda de prisión". El Señor intenta encerrarnos en su amor.

SU SELLO DE AMOR

¿Cómo recibimos su sello de amor sobre nuestros corazones? Lo hacemos conociéndolo verdaderamente, no solo sabiendo *de* Él. Este sello de amor nos protegerá de las personas que quieran hacernos daño. Su amor nos guardará incluso del temor a la muerte. Su amor nos dará dirección hacia lo que es bueno para nosotros, y lo hace a través de nuestra obediencia a la autoridad de su pacto.

Lo primero que se nos dice acerca de Dios en la Biblia es que Él es el Creador y nosotros somos su creación. Como el Autor del universo, estamos bajo su autoridad. Si eres padre o madre, comprendes que tienes autoridad porque tuviste un papel importante en la creación de tu hijo. Los padres quieren lo mejor para sus hijos y entienden mejor que nadie la necesidad de ayudarlos a tomar decisiones saludables.

¿Es posible que exista un Dios que nos creó, que sabe todo sobre nosotros y nos ha dado pautas porque quiere lo mejor para nosotros debido a su amor por nosotros?

Cuando conocí a Charlotte, estaba en una relación del mismo sexo con otra mujer. No se sentía bien con sus decisiones, pero amaba sentirse amada. ¿Quién no lo haría? Describió una serie de relaciones en las que hombres la habían maltratado y abandonado a lo largo de su vida. Por doloroso que fuera para ella hablar de su pasado y de sus decisiones presentes, tristemente sentía que merecía su actual sufrimiento y el dolor que la había llevado a mi consulta. A través de muchas conversaciones y mucho amor, comenzó a comprender su valor. Tratamos el rechazo, la vergüenza, la culpa, y varios episodios de dolor y trauma.

Cuando conocemos la aceptación y el gran amor de Dios, podemos comenzar a entender que Él está tratando de protegernos al darnos parámetros para nuestras elecciones. Es importante recordar que Él también nos proporciona ayuda y valentía cuando somos tentados a quebrantar sus pautas.

Podría ser difícil seguir el camino de reglas de Dios. Podría significar ir en una dirección muy diferente a la de todos tus amigos, como Jill en el capítulo 1. Pero te pregunto: ¿hacerlo a tu manera te ha hecho sentir mejor y más amado? Hay un camino amplio que es fácil pero conduce a la destrucción, y luego está este camino angosto y posiblemente difícil.

Dios nos ha llamado a ese camino angosto, que es una relación de pacto íntima con Él.

En este compromiso, Él ha prometido estar con nosotros, ser fiel a nosotros y amarnos para siempre, pase lo que pase. Puede que esto no se parezca a ninguna de tus relaciones pasadas, y por eso es tan diferente. Toma un momento para considerar la importancia y la posibilidad de permitirte ser sellado por su amor de pacto.

AMOR Y GRACIA TRANSFORMADORES

En mis momentos de adversidad, descubrí firmemente que Dios nos eligió a cada uno de nosotros. Él ve la belleza dentro de nosotros mucho antes de que nosotros mismos lo hagamos. Constantemente trabaja para ayudarnos a caminar en esta verdad inquebrantable y nos proporciona una manera de atravesar las imperfecciones y el dolor de la vida. Él nunca nos dejará ni nos abandonará. Sus promesas nunca fallarán.

Después de que Neal y yo casi lo perdiéramos todo, aún quedaban emociones que debían ser atendidas. Había muchos miedos que necesitaban ser descubiertos, tratados e incluso destruidos. En nuestra lucha por encontrar un lugar de confianza y paz nuevamente, a menudo medíamos la gracia de Dios según estándares humanos. ¿Cómo podría Dios sanar y perdonar por completo? ¿Cómo aprenderíamos a confiar de nuevo?

Las batallas en mi mente a menudo eran implacables, pero durante esos tiempos me aferré a algunas de las increíbles provisiones de Dios, como: "Nosotros tenemos la mente de Cristo" (1 Corintios 2:16) y "La paz les dejo; mi paz les doy. Yo no se la doy a ustedes como la da el mundo. No se angustien ni se acobarden" (Juan 14:27).

Tomé un riesgo cuando decidí regresar a mi matrimonio. Y tomé otro al ser vulnerable y confiar en Dios durante el proceso. Con ambas decisiones coseché una gran recompensa de libertad. Ahora puedo decirte que valió la pena. Resultó que todos mis temores eran mentiras.

Ambos elegimos seguir la Palabra del Padre en lugar de la opinión del mundo, entendimos: *Sean bondadosos y compasivos unos con otros y perdónense mutuamente, así como Dios los perdonó a ustedes en Cristo* (Efesios 4:32, NVI). Ambos decidimos detener las ofensas de raíz y expulsarlas definitivamente de nuestra casa.

Como elegimos este camino, ¡nuestro pacto fue restaurado! Ninguno de los dos tiene que vivir en el dolor y la frustración del temor o el rechazo. De hecho, caminamos juntos con alegría y pensamientos saludables (mentes sanas) a diario.

¿QUÉ SIGNIFICA UN NOMBRE?

Cuando pusimos nombres a nuestros hijos, fuimos muy intencionales con sus nombres y sus significados. Sabíamos mucho menos de lo que sabemos ahora, pero entendíamos que esos significados hablaban de sus identidades. Cuando nació nuestro tercer hijo, lo llamamos Jacob. Jake cuestionó su nombre cuando era un poco mayor. Verás, su nombre significa "usurpador" o "engañador". Jacob en la Biblia nace agarrando el talón de su hermano mayor, y manipula a su hermano para que le venda su primogenitura. Pero esto es lo que aprendemos al leer la historia completa de Jacob: Dios lo redime. Dios lo usa para rescatar a su pueblo elegido. De hecho, Dios cambió su nombre de Jacob a Israel, que significa *Dios lucha*. Esto era lo que teníamos en mente cuando pusimos Jacob a nuestro hijo. Fiel a su nombre, nuestro hijo es un luchador y tiene un increíble don de paciencia cuando sabe que vale la pena luchar por algo.

El acto de poner nombres en la Biblia demuestra autoridad. Cuando Dios creó al hombre, uno de los primeros trabajos que le dio a Adán fue nombrar todo lo que estaba bajo su cuidado. Mientras que en la Escritura poner nombres está relacionado con la autoridad, también revela intimidad. Nombrar durante ese tiempo, y en el presente, tiene lugar en el contexto de las relaciones. Cuando ponemos un nombre a alguien, demostramos conocimiento íntimo: una relación y un privilegio.

Considera algunos de los pensamientos que Dios tuvo sobre cada uno de nosotros al decidir nuestros nombres: hecho de manera asombrosa y maravillosa (Salmos 139:14), conocido (Jeremías 1:5), amado (Juan 3:16), su hijo (1 Juan 3:2), predestinado (Romanos 8:29), adoptado (Efesios 1:5), no olvidado (Isaías 44:21), ya no huérfano (Juan 14:18), elegido (Efesios

2:10), perdonado (Lucas 1:77-78), heredero (Romanos 8:17), posesión especial de Dios (1 Pedro 2:9), hermanos, hermanas, hijos, hijas y la novia de Cristo (Apocalipsis 21:9), solo por nombrar algunos.

Por lo tanto, déjame preguntarte: ¿quién crees que eres?

Si aún no te has dado cuenta, déjame ayudarte: eres su amado, incomparable en belleza y más allá de toda comparación. Tu quebranto es hermoso y de ninguna manera te excluye de esta relación de pacto.

CÓMO EXPERIMENTAR EL PACTO EN LAS RELACIONES

Todos estamos neurológicamente diseñados para vincularnos y unirnos, primero con Dios y después con los demás, que es el lugar de la verdadera intimidad. La palabra *intimidad* describe una mezcla de nuestro corazón con el de otro para que podamos "ver dentro" de quién realmente es, y esa persona pueda "ver dentro" de nosotros.

Como hemos visto, el modelo de pacto en las relaciones va mucho más allá del contrato que muchos normalmente siguen.

- Un contrato se basa en legalismo e influencia.
- Un pacto se basa en amor y lealtad.
- Un contrato dura mientras ambos se amen.
- Un pacto dura mientras ambos vivan.
- Un contrato llama a firmar nombres.
- Un pacto llama a unir corazones.

Seamos sinceros: es un pacto lo que nos hace sentir seguros y conectados con otros. Las relaciones de pacto son más que solo para matrimonios y profetas del Antiguo Testamento. Son para personas que desean experimentar intimidad y su verdadera identidad. Trabajar para comprender y experimentar el pacto en las relaciones no es fácil y desafiará a cualquiera, incluso en sus mejores días.

La buena noticia es que comenzarás a experimentar el pacto en tus relaciones cuando trabajes en pasos específicos para ayudarte a tener uniones más saludables.

Tres maneras de comenzar incluyen reformular recuerdos previos, comprender las dinámicas de tus relaciones y establecer tu propósito.

UNO: REFORMULAR RECUERDOS PREVIOS

Investigaciones anteriores han demostrado que imaginar que algo está ocurriendo puede activar y fortalecer las mismas regiones del cerebro como si realmente estuviera sucediendo.[4] En otras palabras, debes tener cuidado con tu imaginación o memoria. Concentrarse en un recuerdo en el que te sentiste asustado o herido podría producir el mismo dolor en tu mente y tu cuerpo como si estuviera ocurriendo nuevamente.

La investigación también muestra que es posible actualizar tus recuerdos insertando nuevos detalles.[5] Por ejemplo, si tienes miedo porque lo hiciste mal en tu último recital de piano, imagina que tocas ante una ovación de pie. Si te sientes descoordinado en la cancha de fútbol, imagina las caras de los oponentes cuando ganas el partido. Estas actividades pueden potenciar las conexiones neuronales en regiones relacionadas con la confianza, el compromiso y la valentía.

Estos estudios sugieren que nuestra imaginación puede ser una herramienta más poderosa de lo que se pensaba para actualizar y reconstruir recuerdos, especialmente aquellos que han sido dolorosos o traumáticos. Si tienes un recuerdo que te está paralizando, puedes usar tu imaginación para conectarte con él, cambiarlo y volver a consolidarlo.

Reformular cómo piensas y cómo te sientes acerca de un recuerdo pasado puede darle un nuevo significado a una experiencia antigua. Cuando cambias tu historia o alteras el modo en que percibes una situación, estás permitiendo que tus emociones experimenten la posibilidad de un resultado diferente. ¿No es asombroso?

Haz una pausa por un minuto para recordar un evento que te hizo dudar o cuestionar tu pasión y propósito. Nota lo que sientes en tu cuerpo y tus emociones cuando piensas en ese recuerdo. Escribe esos sentimientos a medida que los notes. Después de hacer esto, estarás listo para cambiar la narrativa de la situación. Déjame darte un ejemplo para mostrarte cómo funciona.

Supongamos que recuerdo que mi hermano me llamó estúpida cuando estaba trabajando muy duro en un proyecto, y ese recuerdo sigue haciéndome sentir ansiosa y preocupada por mis habilidades. Para cambiar la narrativa, podría recordar que mi hermano realmente era tonto y grosero en ese tiempo, y que mis padres y amigos realmente apreciaron mi proyecto.

O podría intentar imaginar cómo habría sido si mi hermano hubiera sido un poco más reflexivo con su respuesta. ¿Y si hubiera dicho que el proyecto era estúpido, pero que se notaba que me había esforzado mucho? ¿Qué me haría sentir el cambio en esas respuestas? Prueba poner esas emociones o reacciones más positivas en tu recuerdo difícil.

DOS: ENTENDER LA DINÁMICA DE TUS RELACIONES

Si sientes que nunca has experimentado el amor de los demás, también puedes estar experimentando un vacío cuando se trata de comprender el amor de Dios. Sin embargo, incluso con este espacio vacío, has de saber que Él es el mismo Dios que trae amistad y autoridad a tu vida.

Es importante recordar que el amor y la autoridad no son opuestos. Ambos son saludables, ofrecen seguridad, y pueden coexistir en la misma persona.

A veces es nuestra relación con nuestros padres u otras figuras de autoridad la que puede distorsionar nuestra idea de la palabra *autoridad*. ¿Cómo fue tu relación con tus padres? ¿Fue difícil? ¿Batallabas para creer que eras amado y especial?

Si tu familia se inclinó por ser muy rígida y tú despreciabas la severidad, es posible que luches con ver la autoridad como algo útil y bueno. Lo más probable es que hayas jurado ser un poco más relajado en la vida y te opongas a algunas reglas. Si sentías que tu familia no se interesaba o no le importaba dónde estabas la mayor parte del tiempo, probablemente estés trabajando mucho para entender la necesidad de pautas. Dedica tiempo a ser intencional con esta lucha potencial en tu vida.

Considera cómo te gustaría ser tratado cuando tú eres la autoridad. ¿Cómo mostrarías esta misma consideración y honor a los demás?

TRES: ESTABLECER TU PROPÓSITO

¿Te diste cuenta de que una comprensión de las relaciones de pacto también afecta tu capacidad para caminar en tu propósito de vida? Si no sabes quién eres, ¿cómo puedes entender lo que fuiste creado para ser y hacer? Toma un tiempo para considerar: ¿qué crees que es cierto acerca de ti mismo? Esas creencias guían e influyen en tu relación con los demás, así como en todo lo que haces y todo lo que experimentas.

Hay un versículo en la Biblia que muchos estudiosos han tratado de entender a lo largo de las generaciones:

> *Entonces Jesús explicó: «Les digo la verdad, el Hijo no puede hacer nada por su propia cuenta; solo hace lo que ve que el Padre hace. Todo lo que hace el Padre, también lo hace el Hijo».* Juan 5:19

Creo que, a medida que Jesús se acercaba al Padre en intimidad y pacto, descubría los detalles de su propósito diario. Se le mostraba a dónde ir, con quién interactuar, a quién evitar y cómo emplear su tiempo. ¿Cuántos de nosotros desearíamos tener ese nivel de claridad?

Cada uno de nosotros tiene la oportunidad y el privilegio de caminar con Dios en una cercanía y comprensión similares. Esas instrucciones que recibimos del Padre cada día nos mantendrán protegidos, nos harán caminar en libertad y paz, y darán alegría y significado a nuestras vidas. Podemos conectar con nuestro potencial creativo, desatar nuestros talentos, y lograr un mayor sentido de propósito y plenitud.

Usando el ejemplo de Juan 5:19, planea pasar tiempo con el Padre hablándole sobre tu propósito. Anota lo que Él te dice y te revela en esos tiempos íntimos.

PASOS QUE DAR HACIA EL FUTURO

Escribí este libro para personas comunes que están luchando con el propósito y manteniendo la alegría en sus vidas diarias. Si eso se aplica a ti, espero que ya estés comenzando a experimentar la realidad de la restauración. Espero que tu nueva normalidad sea como la de la novia en el Cantar de los Cantares: relaciones saludables, esperanza, sanidad y afecto inquebrantable. Puede que dudes de ti mismo al principio, puede que necesites apoyo mientras encuentras tu dirección en la vida, puede que necesites aliento cuando caigas, pero al igual que ella, tus luchas valdrán la pena. A medida que sigas los pasos presentados aquí, se producirán cambios positivos llenos de esperanza.

A fin de avanzar realmente, nunca olvides la importancia de lo que crees, expresado en tus pensamientos y en tus palabras. Proverbios 23:7 lo dice claramente: *Porque cual es su pensamiento en su corazón, tal es él* (RVR-60). Sé intencional con lo que piensas y dices sobre ti mismo.

Deja que estas palabras de Romanos se conviertan en un modelo de un nuevo guion para tu identidad personal: eres completamente aceptado, amado, y nunca abandonado. Léelas una y otra vez hasta que tu mente, tus emociones y tu espíritu se establezcan en la verdad de quién eres realmente.

> *Y ustedes no han recibido un espíritu que los esclavice al miedo. En cambio, recibieron el Espíritu de Dios cuando él los adoptó como sus propios hijos. Ahora lo llamamos*

«Abba, Padre». Pues su Espíritu se une a nuestro espíritu para confirmar que somos hijos de Dios.

Romanos 8:15-16

Mantente fuerte, amigo lector. Tienes una identidad que es buena y está sellada con un pacto con tu amoroso Padre Dios.

EJERCICIOS DEL HÁBITO 12: CONSTRUIR Y UNIR

Si quieres tener una mejor unión o vínculo con las personas y con Dios, intenta hacer los siguientes ejercicios.

Encuentra un lugar tranquilo y sin distracciones donde puedas hacerle a Dios algunas preguntas y esperar su respuesta (sí, Él desea hablar contigo).

1. Pregúntale a Dios: *¿Podrías mostrarme una palabra, frase, versículo o imagen que me ayude a entender mi relación con mis padres?* (Si lo consideras necesario, también puedes incluir a otra figura de autoridad en tu vida). Escribe la imagen o las palabras que veas, sientas o escuches.
2. Después de escuchar o ver la respuesta, pregúntale: *¿Hay algo que necesite soltar o algo que deba resolver en esta relación?*

   La mayoría de nosotros probablemente escuchará un sí a esta pregunta, pero si escuchas un no, pasa al paso 6.
3. Si es necesario, pídele a Dios que te aclare qué necesitas resolver exactamente. Luego, dilo en voz alta, tanto para ti mismo como para Dios: estás dispuesto a dejarlo ir y perdonar. Recuerda que perdonar no significa automáticamente reconciliación ni excusar lo que sucedió.
4. Como lo harías con un amigo, dile a Dios exactamente a quién y qué estás perdonando. No hay una forma correcta o incorrecta de hablarle sobre tu dolor. Escríbelo si eso te ayuda. Sigue trabajando en este paso

con cada herida pasada que salga a la superficie. Si no estás listo para compartir esos recuerdos y situaciones dolorosas con Dios, prueba este ejercicio con un amigo de confianza o un consejero. Hazles saber que deseas avanzar dejando ir tu dolor (sé paciente contigo mismo, este paso puede tomar un tiempo).

5. A continuación, pídele a Dios que te recuerde cosas que podrías haber hecho o dicho a otros por las cuales necesitas pedir perdón. No olvides perdonarte a ti mismo si has dicho palabras duras o llenas de odio.
6. Finalmente, pídele a Dios que te muestre una palabra, frase, versículo o imagen que describa cómo ves tu relación con Él en este momento en el tiempo.

Un pequeño consejo: si no escuchas algo positivo, regresa al paso uno y asegúrate de haber dejado ir tus heridas. Recuerda que Él no puede, por su propio diseño, declarar mal sobre ti. Luego, sigue preguntando. No te rindas. Él te mostrará algo hermoso sobre tu identidad.

UNA INVITACIÓN ESPECIAL

Sin importar en qué punto estemos en la vida, todos necesitamos una conexión con algo más grande que nosotros mismos. Todos buscamos significado y propósito que nos ayuden a entender por qué estamos aquí y cómo deberíamos vivir nuestras vidas. Esta búsqueda a menudo nos conduce a Dios, la Fuente de la verdadera identidad y conexión. Dios es Aquel que realmente puede proporcionarnos un sentido de pertenencia y satisfacción. Él es el único que puede darnos dirección y propósito. Cuando entendemos esto, podemos explorar y encontrar una relación íntima con nuestro Creador. Encontramos nuestro verdadero ser en Él, sabiendo que Él nunca nos dejará ni nos desamparará.

Si no estás seguro de tu relación con Dios, permíteme animarte a clamar a Él. Pídele que se revele a ti. Di algo como esto: *Dios, quiero experimentar tu amor en mi vida. Por favor, muéstrame quién eres y cómo me amas. Ayúdame a sentir tu presencia y a conocerte.*

Una cosa que debes saber acerca de Dios es que Él te amó tanto que envió a su único Hijo para vivir en esta tierra, morir en la cruz por tus pecados y resucitar de entre los muertos. En Juan 3:16 (NVI) dice: *Porque tanto amó Dios al mundo que dio a su Hijo único, para que todo el que cree en él no se pierda, sino que tenga vida eterna.*

Si crees esto y aún no has aceptado a Jesús en tu corazón como tu Salvador personal, ahora es un buen momento para hacerlo. Haz esta oración:

> *Jesús, creo que moriste en la cruz por mis pecados y resucitaste de entre los muertos. Te invito a entrar en mi vida para ser mi Salvador personal. Gracias por perdonar mis pecados. Ayúdame mientras aprendo a vivir mi vida según las enseñanzas de la Biblia. Gracias por mi salvación. En el nombre de Jesús, Amén.*

Si hiciste esta oración, ¡sé que estoy celebrando contigo! El siguiente paso que querrás tomar es unirte a una iglesia o grupo basado en la Biblia para que puedas vivir en comunidad con otros creyentes.

También quiero animarte a leer la Biblia todos los días. Comienza con el libro de Juan. Te recomiendo comenzar tu día en oración y leyendo la Biblia. Puede sentirse raro al principio, pero, como con cualquier nuevo hábito, mientras más lo hagas, más fácil será.

Vivimos en un mundo imperfecto. Muchos de nosotros hemos tomado malas decisiones o hemos tenido que atravesar momentos muy difíciles. La buena noticia es que estar quebrado no es tu identidad. Es el camino de aprender a encontrar un compañero perfecto (Dios) que nos ayude en este viaje. Dios mismo es el único fiel que nos ayudará hasta el final.

Espero que descubras esto de una manera más profunda en tu vida. Te prometo que hará de este viaje algo que nunca olvidarás ni querrás cambiar.

Dios te bendiga.

RECURSOS ADICIONALES

Si deseas profundizar más en quién Dios te llamó a ser, si necesitas más recursos, incluidos nuestros cursos, o si te encuentras buscando comunidad, ¡conecta con nosotros! Nos encuentras como *The Family Collective*, y estos recursos los encuentras en inglés.

The Family Collective toma conocimiento significativo de la ciencia y lo une con la perfecta Palabra de Dios. Este enfoque deja espacio para que el Espíritu Santo se mueva en las familias y los matrimonios. Con el objetivo de restaurar, reconstruir y renovar las conexiones personales una persona cada vez, *The Family Collective* ayuda a los individuos y miembros de la familia a darse cuenta de su potencial único, haciendo de las relaciones saludables una realidad. Los fundadores Diane y Neal Arnold, sus increíbles hijos adultos jóvenes y sus talentosos hijos espirituales están apasionados por restaurar a otros utilizando lecciones de sus propias crisis y su conocimiento profesional.

Con el apoyo de su equipo global, aprovechan la sabiduría de Diane sobre el cerebro y la conducta humana y la profunda experiencia de Neal en dinámicas familiares y negocios, junto con la Biblia.

The Family Collective se enfoca en devolver el diseño perfecto del pacto de Dios al hogar cristiano. Estamos muy agradecidos por la oportunidad que cada pareja, iglesia y organización nos da para trabajar en sus áreas vulnerables. Sabemos que esto no es algo fácil de hacer, y lo tomamos muy en serio. En nombre de todo el equipo de *The Family Collective,* te agradecemos la oportunidad de caminar junto a familias, individuos y parejas casadas para generar relaciones con conexiones reales y duraderas.

Para obtener más información sobre nuestra comunidad, cursos, grupos, libros y recursos, visita el sitio web de *The Family Collective* en www.thefamilycollective.co.

NOTAS

HÁBITO 1: RESTAURAR MI YO ORIGINAL

1. Amy Novotney, "The Risks of Social Isolation". *Monitor on Psychology* 50, no. 5 (mayo de 2019), https://www.apa.org/monitor/2019/05/ce-corner-isolation.

2. Rebecca Denova, "Zacchaeus", World History Encyclopedia, 3 de marzo de 2022, https://www.worldhistory.org/Zacchaeus/.

3. Brian Simmons, *The Sacred Journey: God's Relentless Pursuit of Our Affection* (Savage, MN: Broadstreet Publishing, 2015), p. 13.

HÁBITO 2: PERSEGUIR MI PROPÓSITO

1. George Barna, *Helping Millennials Thrive: Practical Wisdom for a Generation in Crisis* (Phoenix: Arizona Christian University Press, 2023), p. 18.

2. George Barna, *Raising Spiritual Champions: Nurturing Your Child's Heart, Mind and Soul* (Tuscon, AZ: Christian University Press and Fedd Books, 2023), p. 3.

3. Blaise Pascal, *Pensées,* trad. A. J. Krailsheimer (Nueva York: Penguin Books, 1966), p. 75.

HÁBITO 3: SILENCIAR LA VERGÜENZA

1. El síndrome de pseudo-huérfano es un conjunto de síntomas que experimentan los niños (y luego los adultos) que fueron abandonados emocionalmente. Los síntomas incluyen alienación de la vida social, culpa patológica (derivada de la sensación de haber hecho algo mal y no merecer el amor de sus padres), ansiedad, depresión, autocrítica destructiva, una necesidad neurótica de afecto y aprobación (o de otros tipos de necesidades neuróticas, como la autosuficiencia), trastornos alimentarios y del sueño, y adicciones.

2. Brené Brown, *Dare to Lead: Brave Work. Tough Conversations. Whole Hearts* (Nueva York: Random House, 2018), p. 160.

3. *Strong's Concordance,* s.v. *"bosh"*, Bible Hub, consultado en línea 6 de febrero de 2024, https://biblehub.com/hebrew/954.htm.

4. *Strong's Concordance* online, s.v. *"thugater"*, consultado en línea 18 de marzo de 2024, https://www.bibletools.org/index.cfm/fuseaction/Lexicon.show /ID/G2364/thugater.htm#:~:text=%CC%81,s%20peculiar%20care%20 and%20protection.

5. Brian Simmons, *The Sacred Journey: God's Relentless Pursuit of Our Affection* (Savage, MN: Broadsheet Publishing, 2015), p. 44.

HÁBITO 4: RECIBIR AMOR Y ACEPTACIÓN

1. Michael L. Slepian, James N. Kirby, Elise K. Kalokerinos, "Shame, Guilt, and Secrets on the Mind", *Emotion* (febrero de 2019), pp. 323-328, consultado en línea en https://psycnet.apa.org/doiLanding?doi=10.1037%2Femo 0000542.

2. Tara Parker-Page, "Are you ready to forgive? A new study shows letting go is good for health", *The Washington Post,* 20 de abril de 2023.

3. Adam Hamilton, *Forgiveness Leader Guide: Finding Peace Through Letting Go* (Nashville: Abingdon Press, 2018).

4. Everett Worthington Jr, L. Everett, et al., "Forgiveness in health research and medical practice". *Explore* 1, no. 3 (2005), pp. 169-176.

HÁBITO 5: CONFRONTAR EL RECHAZO

1. Kirsten Weir, "The pain of social rejection", *American Psychological Association* 43, no. 4 (2012), https://www.apa.org/monitor/2012/04 /rejection.

2. Cigna Big Picture, "New Cigna Study Reveals Loneliness at Epidemic Levels in America", *Cigna,* junio de 2018, https://www.cignabigpicture.com/issues/june-2018/new-cigna-study-reveals-loneliness-at-epidemic-levels-in-america/.

3. Alexa Lardiere, "Study: Many Americans Report Feeling Lonely, Younger Generations More" *U.S. News and World Report,* 1 de mayo de 2018, https://www.usnews.com/news/health-care-news/articles/2018-05-01/study-many-americans-report-feeling-lonely-younger-generations-more-so.

4. Lardiere, "Feeling Lonely".

5. Kristen Weir, "The pain of social rejection". American Psychological Association 43, no. 4 (abril de 2012): 50.

Michael J. Crowley, Jia Wu, Peter Molfese, Linda C. Mayes, "Social exclusion in middle childhood: rejection events, slow-wave neural activity, and ostracism distress". Social Neuroscience 5, no. 5-6 (2010), pp. 483-95.

6. Robby Berman, "Social isolation, loneliness linked to increased risk of all-cause mortality", Medical News Today, 27 de junio de 2023, https://www.medicalnewstoday.com/articles/social-isolation-loneliness-linked-to-increased-mortality-risk-research-finds.

7. Cigna., "Cigna U.S. Loneliness Index: Survey of 20,000 Americans Examining Behaviors Driving Loneliness in the United States", 2018, https://www.multivu.com/players/English/8294451-cigna-us-loneliness-survey/docs/IndexReport_1524069371598-173525450.pdf.

8. Sarah C. Griffin, Allison B. Williams, Scott G. Ravyts, Samantha N. Mladen, Bruce D. Rybarczyk, "Loneliness and sleep: A systematic review and meta-analysis", Health Psychol Open, 4 de abril de 2020, https://pubmed.ncbi.nlm.nih.gov/32284871/.

9. Raheel Mushtaq, S. Sheik Shoib, Tabindah Shah, Sahil Mushtaq, "Relationship Between Loneliness, Psychiatric Disorders and Physical health? A Review on the Psychological Aspects of Loneliness Journal of Clinical Diagnostic Research, 20 de septiembre de 2014, https://pmc.ncbi.nlm.nih.gov/articles/PMC4225959/

10. Jichan J. Kim, Erika S. Payne, Eunjin LeeTracy, "Indirect Effects of Forgiveness on Psychological Health Through Anger and Hope: A Parallel Mediation Analysis", Journal of Religion and Health 61, no. 5 (octubre de 2022), pp. 3729-3746, https://pubmed.ncbi.nlm.nih.gov /35190955/.

11. Renee Onque, "Use these 5 steps to forgive others–it can boost your happiness, says psychologist who studied forgiveness for 30 years" CNBC Make It, 6 de mayo de 2023, https://www.cnbc.com/2023/05/06/forgiveness-can-boost-happiness-improve-mental-health-how-to-start.html.

HÁBITO 6: CAVAR NUEVAS ZANJAS Y ESCRIBIR UNA HISTORIA MEJOR

1. Fran Simone, "Negative Self-Talk: Don't Let It Overwhelm You", *Psychology Today,* 4 de diciembre de 2017, https://www.psychologytoday.com/gb/blog/family-affair/201712/negative-self-talk-dont-let-it-overwhelm-you.

2. Simone, "Negative Self-Talk".

3. Deepika Choube y Shubham Sharma, "Psychological and Physiological Effect in Plant Growth and Health by Using Positive and Negative Words", International Journal of Innovative Research in Technology 8, no.1 (junio de 2021), https://ijirt.org/publishedpaper/IJIRT151445_PAPER.pdf.

HÁBITO 7: CÓMO LIDIAR CON TU PÉRDIDA

1. Jie Zheng, Andrea G. P. Schjetnan, Mar Yebra, Bernard A. Gomes, Clayton P. Mosher, Suneil K. Kalia, Taufik A. Valiante, Adam N. Mamelak, Gabriel Kreiman, y Ueli Rutishauser, "Neurons detect cognitive boundaries to structure episodic memories in humans", National Institutes of Health, U.S. Department of Health and Human Services, 7 de marzo de 2022, https://doi.org/10.1038/s41593-022-01020-w.

HÁBITO 8: ACCEDER A LA ALEGRÍA EN TUS RELACIONES

1. Chris M. Coursey, *The Joy Switch: How Your Brain's Secret Circuit Affects Your Relationship-and How You Can Activate It* (Nueva York: Northfield Publishing, 2021), p. 30.

2. *Hitchcock's Dictionary of Bible Names,* s.v. "Naomi", consultado en línea 18 de marzo de 2024, https://www.biblestudytools.com/dictionaries/hitchcocks-bible-names/naomi.html.

International Standard Bible Encyclopedia, s.v. "Naomi", consultado en línea 18 de marzo de 2024, https://www.biblestudytools.com/encyclopedias/isbe/naomi.html.

3. Nicole Spector, "Smiling can trick your brain into happiness-and boost your health", NBC News, 9 de enero de 2018, https://www.nbcnews.com/better/health/smiling-can-trick-your-brain-happiness-boost-your-health-ncna822591.

4. Louie D. Brook, Karolina Brook, Elizabeth Frates, "The Laughter Prescription: A Tool for Lifestyle Medicine", *American Journal of Lifestyle Medicine,* 23 de junio de 2016, https://pubmed.ncbi.nlm.nih.gov/30202281/.

5. "Create Joy and Satisfaction", Mental Health America, consultado en línea 30 de enero de 2024, https://www.mhanational.org/create-joy-and-satisfaction.

HÁBITO 9: ¿A QUIÉN ESTÁS ESCUCHANDO?

1. Archibald D. Hart, *The Anxiety Cure: You Can Find Emotional Tranquility and Wholeness* (Nashville: Thomas Nelson, 2001), p. 15.

HÁBITO 10: PRACTICAR LA DISCIPLINA DE LA PAZ

1. John Paul Jackson, "The Gospel of Peace", Streams Ministries, video, 4:00, 29 de junio de 2012, https://www.youtube.com/watch?v=4ohjsBqgiKs &ab_channel=StreamsMinistries.

2. Jackson, "Gospel of Peace".

HÁBITO 12: CONSTRUIR Y UNIR

1. Rob Jackson, "When Children View Pornography", Focus on the Family Australia, 2004, https://families.org.au/article/when-children-view-pornography/.

2. Sofia Villas-Boas, Soctt Kaplan, Justin S. White, et al, "Patterns of US Mental Health-Related Emergency Department Visits During the COVID- 19 Pandemic", JAMA Network, 11 de julio de 2023, https://jamanetwork.com/journals/jamanetworkopen/fullarticle/2807138.

3. Himani Adarsh, Swapnajeet Sahoo, "Pornography and Its Impact on Adolescent/Teenage Sexuality", Journal of Psychosexual Health, 5.1, 35-39, 9 de marzo de 2023, https://journals.sagepub.com/doi/10.1177/26318318231153984.

4. University of Colorado at Boulder, "Your Brain on Imagination: It's a Lot like Reality, Study Shows", ScienceDaily, 10 de diciembre de 2018, https://www.sciencedaily.com/releases/2018/12/181210144943.htm.

5. Colorado at Boulder, "Brain on Imagination".

ACERCA DE LA AUTORA

DIANE E. ARNOLD es una consejera profesional licenciada especializada en consejería familiar y matrimonial. También es terapeuta certificada en EFT y EMDR. A través de su estudio del apego en las relaciones, Diane ha hablado y escrito ampliamente sobre cómo superar el trauma y la traición con resultados notables. Ella forma parte de las juntas de *WOFL, Shiloh Company* y *National Children's Day*. Diane es también una de las fundadoras de *The Grace Center,* un centro internacional de sanidad emocional.

Diane y su esposo, Neal, han estado casados por cuarenta y dos años y tienen tres hijos adultos y cinco nietos. Juntos coescribieron tres libros: *Take Heart,* que es una visión general de la teoría del apego y la dinámica de las relaciones sanadoras; *Face to Face,* un libro de trabajo para entrenamiento y asesoramiento matrimonial; y *Face to Face Pre-Marital,* un libro de trabajo de formación y preparación prematrimonial. Con el apoyo de Neal, Diane escribió *12 Hábitos para una mente sana y una vida feliz* para ofrecer un viaje de comprensión que permita a los lectores descubrir su identidad y propósito en la vida.

A través de su organización familiar sin fines de lucro, *The Family Collective,* Diane y Neal continúan escribiendo y hablando sobre la importancia fundamental de las conexiones familiares y comunitarias locales para construir negocios, ciudades y países saludables. Aprende más en TheFamilyCollective.co.